CW00554255

Il Super Ricettario della Dieta Keto

Guida per principianti della dieta Cheto per vivere uno stile di vita sano con pasti deliziosi e gustosi.

Perdere peso e migliorare il tuo corpo con piatti economici e semplici.

Susy Martini

Indice

—

3

—

4

Le informazioni contenute nelle pagine seguenti sono considerate, in linea di massima, un resoconto veritiero e accurato dei fatti e, in quanto tali, qualsiasi disattenzione, uso o abuso delle informazioni in questione da parte del lettore renderà qualsiasi azione risultante esclusivamente di loro competenza. Non esistono scenari in cui l'editore o l'autore originale di quest'opera possa essere in alcun modo ritenuto responsabile per eventuali disagi o danni che potrebbero verificarsi dopo aver intrapreso le informazioni qui descritte.

Inoltre, le informazioni contenute nelle pagine seguenti sono da intendersi solo a scopo informativo e vanno quindi considerate come universali. Come si addice alla loro natura, esse vengono presentate senza garanzie sulla loro validità prolungata o sulla loro qualità provvisoria. I marchi menzionati sono fatti senza il consenso scritto e non possono in alcun modo essere considerati un'approvazione da parte del titolare del marchio.

INTRODUZIONE

Come funziona la dieta chetogenica?

La dieta funziona commutando la fonte di energia primaria del corpo da carboidrati a grasso. Quando nel sangue sono presenti quantità adeguate di chetoni, l'ossidazione degli acidi grassi nel fegato aumenta drasticamente. L'uso dei corpi chetoni come energia ha molti vantaggi rispetto al glucosio (zucchero), compresa la perdita di peso.

Solo negli anni '20 i carboidrati sono stati accusati di problemi di peso o di salute. Nel 1920 e 1930, i medici hanno notato che i diabetici di tipo 1 che non potevano produrre insulina hanno avuto meno crisi epilettiche quando hanno ridotto i carboidrati. I medici hanno iniziato a prescrivere diete a basso contenuto di carboidrati ai pazienti con epilessia e convulsioni.

La dieta chetogenica è stata utilizzata per quasi un secolo nel tentativo di trattare l'epilessia. Nel 1920, Simons e Leninger hanno avuto l'idea di trattare l'epilessia inducendo uno stato di fame controllata (chetosi) all'interno del paziente. I medici pensavano che ci fosse una connessione tra l'avere un basso livello di zucchero nel sangue (ipoglicemia) e le crisi epilettiche. Non sapevano che erano i chetoni e non la glicemia bassa a far stare meglio i pazienti.

Come seguire una dieta chetogena?

La dieta chetogenica è estremamente restrittiva. Si tratta di mangiare molti grassi sani e pochissimi carboidrati. È molto importante conoscere l'apporto di macronutrienti quando si segue una dieta chetogenica. I macronutrienti sono micronutrienti di cui il vostro corpo ha bisogno in grandi quantità. Per esempio, hai bisogno di molte proteine e grassi. Avete anche bisogno di vitamine e minerali. I carboidrati, invece, devono essere consumati solo in piccole quantità. Il vostro corpo può convertire i grassi in una fonte di energia quando non c'è abbastanza glucosio. Quando il corpo converte il grasso in energia, crea chetoni che causano l'accumulo di chetoni nel flusso sanguigno. Lo stato di chetosi è stato scoperto negli anni '20 ed è stato un importante passo avanti.

È pericoloso?

La dieta chetogenica NON è pericolosa. E' stata sviluppata da medici ed è supportata da studi scientifici valutati da peer-reviewed. È un trattamento altamente efficace per diverse condizioni mediche e dovrebbe essere utilizzato da chiunque segua una dieta ad alto contenuto di carboidrati. Funziona passando dalla fonte di energia primaria del corpo dai carboidrati al grasso, e non richiede di limitare tutti i carboidrati della vostra dieta.

Perché viene utilizzata la dieta chetogenica?

La dieta chetogenica funziona riducendo drasticamente i carboidrati nella dieta. Quando questo accade, il fegato converte il grasso in corpi chetonici, che vengono utilizzati per l'energia da ogni cellula del corpo. Il corpo fa quindi uso di questi chetoni, spesso chiamati "chetoni" e "corpi chetonici", attraverso un processo chiamato "beta-ossidazione" per produrre energia (ATP) che non dipende dall'insulina.

La dieta chetogenica fa bene a tutti?

Sì, la dieta chetogenica è molto efficace e buona per la maggior parte delle persone, ma ci sono alcune cose da considerare.

Ci sono persone geneticamente predisposte a non poter utilizzare il grasso come fonte di energia. Possono soffrire di una condizione chiamata "grasso-fobia". Questi individui non dovrebbero seguire la dieta ketogenica o simili a basso contenuto di carboidrati.

Ci sono individui che non dovrebbero seguire una dieta chetogenica a causa di una condizione di salute sottostante. Consultate il vostro medico prima di intraprendere una nuova dieta.

Se siete preoccupati per l'intolleranza ai carboidrati e la dieta chetogenica, non fatelo. La stragrande maggioranza delle persone può seguire bene la dieta chetogenica per le prime settimane, imparando ad adattarsi alle nuove abitudini alimentari e alla quantità di energia necessaria per i grassi rispetto ai carboidrati. Tuttavia, se dopo le prime settimane si riscontrano ancora sintomi spiacevoli, è il momento di dare un'occhiata all'apporto di carboidrati. È probabile che si dovrebbe regolare l'apporto di carboidrati verso il basso.

Ci sono anche persone che hanno difficoltà ad aderire a diete altamente restrittive come la dieta chetogenica. Se non si ha molto autocontrollo, potrebbe non fare al caso proprio. C'è sempre la possibilità che vi stanchiate di morire di fame e vi arrendiate. Questa dieta richiede il massimo dell'autocontrollo e dell'aderenza. Dovete essere molto impegnati ad attenervi alla dieta durante le 3-12 settimane che il vostro corpo impiega per adattarsi.

Pollo al forno al parmigiano

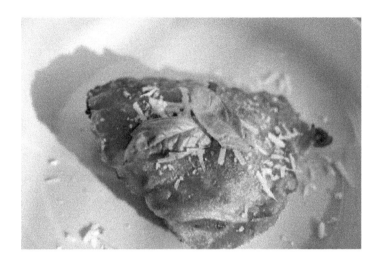

Tempo di preparazione: 5 minuti

Tempo di cottura: 20 minuti

Dosi: 2

INGREDIENTI:

- 2 cucchiai di ghee
- 2 petti di pollo disossati senza pelle
- Sale rosa dell'Himalaya
- Pepe nero appena macinato
- ½ tazza di maionese
- ¼ di tazza di parmigiano grattugiato
- 1 cucchiaio di condimento italiano essiccato
- ¼ di tazza di cotenne di maiale schiacciate

DIREZIONI:

1. Preriscaldare il forno a 425°F. Scegliere una teglia abbastanza grande da contenere entrambi i petti di pollo e ricoprirli con il ghee.

2. Asciugare i petti di pollo con un tovagliolo di carta, condirli con sale e pepe rosa dell'Himalaya e metterli nella teglia preparata.

3. In una piccola ciotola, mescolare per unire la maionese, il parmigiano e il condimento italiano.

4. Spalmare uniformemente il composto di maionese sui petti di pollo e cospargere le cotenne di maiale schiacciate sopra il composto di maionese.

5. Cuocere in forno fino a quando il condimento non è rosolato, circa 20 minuti, e servire.

NUTRIZIONE: Calorie: 850 Grassi: 67g Carboidrati: 2g Fibre: 0g Proteine: 60g

Croccante Pollo alla milanese

Tempo di preparazione: 10 minuti

Tempo di cottura: 10 minuti

Dosi: 2

INGREDIENTI:

- 2 petti di pollo disossati senza pelle
- ½ tazza di farina di cocco
- 1 cucchiaino di pepe di cayenna macinato
- Sale rosa dell'Himalaya
- Pepe nero appena macinato
- 1 uovo, leggermente sbattuto
- ½ tazza di cotenne di maiale schiacciate
- 2 cucchiai di olio d'oliva

DIREZIONI:

1. Pestate i petti di pollo con un pesante mazzuolo fino a raggiungere uno spessore di circa ½ pollice (se non avete un mazzuolo da cucina, potete usare il bordo spesso di un piatto pesante).
2. Preparare due piatti di preparazione separati e una piccola ciotola poco profonda:
3. Nel piatto 1, mettere la farina di cocco, il pepe di cayenna, il sale rosa dell'Himalaya e il pepe. Mescolare insieme.
4. Rompete l'uovo nella ciotola piccola e sbattetelo leggermente con una forchetta o una frusta.

5. Sul piatto 2, mettere le cotenne di maiale schiacciate.

6. In una grande padella a fuoco medio-alto scaldare l'olio d'oliva.

7. Trivellare 1 petto di pollo da entrambi i lati nella miscela di cocco e farina di cocco. Immergere il pollo nell'uovo e ricoprire entrambi i lati. Trivellare il pollo nel composto di cotenna di maiale, premendo le cotenne di maiale nel pollo in modo che si attacchino. Mettere il pollo rivestito nella padella calda e ripetere con l'altro petto di pollo.

8. Cuocere il pollo per 3-5 minuti su ogni lato, fino a quando non sarà rosolato, croccante e cotto a fondo, e servire.

NUTRIZIONE: Calorie: 604 Grassi: 29g Carboidrati: 17g Fibre: 5g Proteine: 65g

Burro d'uovo

Tempo di preparazione: 5 minuti

Tempo di cottura: 0 minuti

Dosi: 2

INGREDIENTI:

- 2 uova grandi, sode
- 3 once di burro non salato
- ½ cucchiaino di origano essiccato
- ½ cucchiaino di basilico essiccato
- 2 foglie di lattuga iceberg
- ½ cucchiaino di sale marino
- ¼ di cucchiaino di pepe nero macinato

DIREZIONI:

1. Sbucciate le uova, poi tritatele finemente e mettetele in una ciotola media.
2. Aggiungere gli ingredienti rimanenti e mescolare bene.
3. Servire il burro d'uovo avvolto in una foglia di lattuga.

NUTRIZIONE: Calorie: 159 Grasso: 16.5g Fibra: 0g Proteine: 3g

Pollo tritato in un involucro di lattuga

Tempo di preparazione: 5 minuti

Tempo di cottura: 15 minuti

Dosi: 2

INGREDIENTI:

- 2 foglie di lattuga iceberg
- 2 grandi cosce di pollo
- 2 cucchiai di formaggio cheddar a pezzetti
- 3 tazze di acqua calda
- 4 cucchiai di salsa di pomodoro
- 1 cucchiaio di salsa di soia
- 1 cucchiaio di peperoncino rosso in polvere

- ¾ cucchiaino di sale
- ½ cucchiaino di pepe nero incrinato

DIREZIONI:

1. Accendete il vostro multicooker, metteteci le cosce di pollo e aggiungete gli ingredienti rimanenti tranne la lattuga.

2. Mescolare fino a quando non si è appena mescolato, chiudere la pentola multipla con il coperchio e cuocere per 15 minuti ad alta pressione e, una volta fatto, rilasciare la pressione in modo naturale.

3. Poi aprite il multicooker, trasferite il pollo su un tagliere e tagliatelo a brandelli con due forchette.

4. Dividere uniformemente il pollo tra due foglie di lattuga, e spruzzare con un po' del liquido di cottura, riservando il restante liquido di cottura per il successivo utilizzo come brodo di pollo.

5. Servire.

NUTRIZIONE: Calorie: 143,5 Grassi: 1,4g Proteine: 21,7g Carboidrati: 3,4g Fibre: 0,7g

Pollo al sidro

Tempo di preparazione: 10 minuti

Tempo di cottura: 18 minuti

Dosi: 2

INGREDIENTI:

- 2 cosce di pollo
- ¼ di tazza di aceto di sidro di mele
- 1 cucchiaino di stevia liquida
- ½ cucchiaio di olio di cocco
- 1/3 cucchiaino di sale
- ¼ di cucchiaino di pepe nero macinato

DIREZIONI:

1. Accendere il forno, quindi regolarlo a 450°F e lasciarlo preriscaldare.

2. Nel frattempo, mettete il pollo in una ciotola, irrorate con l'olio e poi condite con sale e pepe nero

3. Prendete una teglia da forno, metteteci sopra le cosce di pollo preparate e cuocete per 10-15 minuti o fino a quando la temperatura interna raggiunge i 165°F.

4. Nel frattempo, prendete un pentolino, mettetelo a fuoco medio, versate l'aceto, mescolate la stevia e portate il composto ad ebollizione.

5. Quindi passare il calore al livello basso e far bollire la salsa per 3-5 minuti fino a quando non si riduce della metà, mettere da parte fino a quando non è necessario.

6. Quando il pollo è arrostito, spennellatelo generosamente con la salsa al sidro preparata, quindi accendete il pollo e cuocete il pollo per 3 minuti fino a doratura.

7. Servire.

NUTRIZIONE: Calorie: 182,5 Grassi: 9,1g Proteine: 19,5g Carboidrati: 2,5g Fibre: 0g

Morsi di pollo avvolti nella pancetta

Tempo di preparazione: 10 minuti

Tempo di cottura: 20 minuti

Dosi: 2

INGREDIENTI:

- 1 coscia di pollo, disossata, tagliata a piccoli pezzi
- 4 fette di pancetta, tagliate a terzi
- 2 cucchiai di aglio in polvere
- ¼ di cucchiaino di sale
- ½ cucchiaino di pepe nero macinato

DIREZIONI:

1. Accendere il forno, quindi regolarlo a 400°F e lasciarlo preriscaldare.
2. Tagliare il pollo a pezzettini, poi metterli in una ciotola, aggiungere sale, aglio in polvere e pepe nero e mescolare fino ad ottenere una buona copertura.
3. Avvolgere ogni pezzo di pollo con una striscia di pancetta, metterlo in una teglia e cuocere per 15-20 minuti fino a quando non diventa croccante, girando con attenzione ogni 5 minuti.
4. Servire.

NUTRIZIONE: Calorie: 153 Grassi: 8.7g Proteine: 15g Carboidrati: 2.7g Fibre: 0.7g

Pollo avvolto con pancetta al formaggio

Tempo di preparazione: 5 minuti

Tempo di cottura: 25 minuti

Dosi: 2

INGREDIENTI:

- 2 cosce di pollo, disossate
- 2 strisce di pancetta
- 2 cucchiai di formaggio cheddar a pezzetti
- 1/3 cucchiaino di sale
- 2/3 cucchiaino di paprika
- 1/4 cucchiaino di aglio in polvere

DIREZIONI:

1. Accendere il forno, quindi regolarlo a 400°F e lasciarlo preriscaldare.

2. Nel frattempo, condire le cosce di pollo con sale, paprica e aglio da entrambi i lati, e poi metterle su una teglia da forno unta d'olio.

3. Coprire ogni coscia di pollo con una striscia di pancetta e poi cuocere in forno per 15-20 minuti fino a quando il pollo non è cotto a fondo, e la pancetta è croccante.

4. Una volta fatto, cospargere il formaggio sul pollo, continuare a cuocere per 5 minuti fino a quando il formaggio non si sarà sciolto e dorato, e poi servire.

NUTRIZIONE: Calorie: 172.5 Grassi: 11.5g Proteine: 14.5g Carboidrati: 0.5g Fibre: 0.5 g

Fagioli e salsiccia

Tempo di preparazione: 5 minuti

Tempo di cottura: 6 minuti

Dosi: 2

INGREDIENTI:

- 4 once di fagiolini
- 4 once di salsiccia di pollo a fette
- ½ cucchiaino di basilico essiccato
- ½ cucchiaino di origano essiccato
- 1/3 tazza di brodo di pollo, da salsiccia di pollo

- 1 cucchiaio di olio di avocado
- ¼ di cucchiaino di sale
- 1/8 cucchiaino di pepe nero macinato

DIREZIONI:

1. Accendete il vostro multicooker, mettete tutti gli ingredienti nella sua pentola interna e chiudete con il coperchio in posizione sigillata.
2. Premere il tasto "manuale", cuocere per 6 minuti ad alta pressione e, al termine della cottura, fare uno sgancio rapido della pressione.
3. Servire immediatamente.

NUTRIZIONE: Calorie: 151 Grassi: 9,4 g Proteine: 11,7g Carboidrati: 3,4 g Fibre: 1,6g

Pollo strofinato alla paprika

Tempo di preparazione: 5 minuti

Tempo di cottura: 25 minuti

Dosi: 2

INGREDIENTI:

- 2 cosce di pollo, disossate
- ¼ cucchiaio di semi di finocchio, macinati
- ½ cucchiaino di paprika calda
- ¼ di cucchiaino di paprika affumicata
- ½ cucchiaino di aglio tritato
- ¼ di cucchiaino di sale
- 2 cucchiai di olio di avocado

DIREZIONI:

1. Accendere il forno, quindi regolarlo a 325°F e lasciarlo preriscaldare.
2. Preparare il mix di spezie e per questo, prendere una piccola ciotola, aggiungere tutti gli ingredienti, tranne il pollo, e mescolare fino a quando ben mescolato.
3. Spennellare il composto su tutti i lati del pollo, strofinarlo bene nella carne, poi mettere il pollo su una teglia da forno e arrostire per 15-25 minuti fino a cottura completa, imburrandolo ogni 10 minuti con le colature.
4. Servire.

NUTRIZIONE: Calorie: 102,3 Grassi: 8g Proteine: 7,2g Carboidrati: 0,3g Fibre: 0,5g

Pollo Teriyaki

Tempo di preparazione: 5 minuti

Tempo di cottura: 18 minuti

Dosi: 2

INGREDIENTI:

- 2 cosce di pollo, disossate
- 2 cucchiai di salsa di soia
- 1 cucchiaio di edulcorante sterzare
- 1 cucchiaio di olio di avocado

DIREZIONI:

1. Prendete una padella, mettetela a fuoco medio, aggiungete l'olio e quando sarà calda, aggiungete le cosce di pollo e fate cuocere per 5 minuti per lato fino a quando non saranno scottate.

2. Poi cospargere lo zucchero sulle cosce di pollo, irrorare con la salsa di soia e portare a ebollizione la salsa.

3. Passare il calore a un livello medio-basso, continuare la cottura per 3 minuti fino a quando il pollo non è uniformemente glassato e poi trasferirlo su un piatto.

4. Servire il pollo con riso al cavolfiore.

NUTRIZIONE: Calorie: 150 Grassi: 9g Proteine: 17.3g Carboidrati: 0.8g Fibre: 0.5g

Pollo al peperoncino rosso con insalata di cavolo

Tempo di preparazione: 35 minuti

Tempo di cottura: 8 minuti

Dosi: 2

INGREDIENTI:

- 1 coscia di pollo, disossata
- 2 once di insalata di cavolo
- ¼ di cucchiaino di aglio tritato
- ¾ cucchiaio di aceto di sidro di mele
- ½ di calce, succhiato, zenzerato
- ¼ di cucchiaino di paprika
- ¼ di cucchiaino di sale
- 2 cucchiai di olio di avocado
- 1 cucchiaio di burro non salato

DIREZIONI:

1. Preparare la marinata e per questo, prendere una ciotola media, aggiungere aceto, olio, aglio, paprika, sale, succo di lime e scorza e mescolare fino a quando ben mescolato.
2. Tagliare le cosce di pollo a pezzettini, mescolare bene e farle marinare in frigorifero per 30 minuti.
3. Prendere quindi una padella, metterla a fuoco medio-alto, aggiungere il burro e i pezzi di pollo marinati e far cuocere per 8 minuti fino a doratura e cottura completa.

4. Servire pollo con insalata di cavolo.

NUTRIZIONE: Calorie: 157.3 Grassi: 12.8g Proteine: 9g Carboidrati: 1g Fibre: 0.5g

CARNE

Cena a base di Habanero piccante e carne di manzo macinata

Tempo di preparazione: 7 minuti

Tempo di cottura: 33 minuti

Dosi: 2

INGREDIENTI

- 1/2 cucchiaino di pepe nero macinato
- 1/2 cucchiaino di timo essiccato
- 1/2 cucchiaino di basilico essiccato
- Mandrino da 1 libbra e mezzo macinato
- 1 cucchiaino di pepe habanero, tritato
- 1/2 cucchiaino di alloro macinato
- 2 cucchiai di sego, a temperatura ambiente
- 2 pomodori rom maturi, schiacciati
- 2 scalogni, tritati
- 1 cucchiaino di semi di finocchio
- 2 spicchi d'aglio, tritati
- 1/4 cucchiaino di semi di cumino, macinato
- 1/2 tazza di vino secco allo sherry
- 1/2 cucchiaino di paprika
- 1/2 cucchiaino di sale
- Per le tortillas chetogenetiche:

- Un pizzico di sale da cucina
- 4 albumi d'uovo
- Un pizzico di Swerve
- 1/3 di cucchiaino di lievito in polvere
- 1/4 di tazza di farina di cocco
- 6 cucchiai d'acqua

DIREZIONI

1. Sciogliere il sego in un wok che è fronte su un normale calore alto.

2. Dopo il passo precedente, rosolare il mandrino a terra per 4 minuti, rompendolo con una forchetta. Includere tutti i condimenti insieme ad aglio, scalogno e pepe habanero. Dopo di che, continuare la cottura per altri 9 minuti.

3. Procedere al passo precedente, mescolare i pomodori e lo sherry. Poi regolate il calore a medio-basso, chiudete il coperchio e lasciate cuocere a fuoco lento per un periodo più lungo di 20 minuti.

4. Nel frattempo, preparate le tortillas mescolando la farina di cocco, le uova e il lievito in un contenitore. Aggiungere insieme il sale, l'acqua e lo Swerve, quindi mescolare fino a quando tutto è ben incluso.

5. Preriscaldare una padella antiaderente con una fiamma moderata. Cuocere le tortillas per un tempo notevole da ogni lato. Di nuovo, ripetere fino a quando non c'è più pastella.

6. Godetevi la miscela di carne di manzo macinata.

NUTRIZIONE: Calorie 361, Proteine 29g, Grassi 21,9g, Carboidrati 6,4g, Zucchero 1,5g

Polpette di carne con peperoni arrostiti e manchego

Tempo di preparazione: 10 minuti

Tempo di cottura: 60 minuti

Dosi: 2

INGREDIENTI

- 2 porri, tritati
- 2 pomodori maturi, schiacciati
- 1 libbra di carne macinata
- 1 cucchiaino di timo limone
- 3 spicchi d'aglio
- 1 uovo
- 3 cucchiai di parmigiano reggiano grattugiato
- 1 ½ tazza di brodo di pollo
- 1/2 cucchiaino di zenzero fresco, macinato
- 4 peperoni, sgranati e tritati
- 2 peperoni chipotle, sgranati e macinati
- 1/2 tazza di formaggio Manchego, sbriciolato
- Sale e pepe nero appena macinato

DIREZIONI

1. Riscaldare (Broil) i peperoni per circa 20 minuti girando una o due volte. Lasciarli riposare per circa 30 minuti per allentare la pelle.

2. Spellare i peperoni; eliminare steli e semi; tagliare i peperoni a fette in parti uguali e riservare.

3. In una terrina, unire il parmigiano, i porri, l'uovo, l'aglio, il sale, il pepe e la carne di manzo macinata. Cuocere una padella a fondo pesante a fuoco moderatamente alto.

4. Polpette marroni su tutti i lati per circa 10 minuti.

5. Dopo il passo precedente, preparare la salsa di pomodoro. Cuocere i pomodori, lo zenzero, il brodo di pollo e il timo al limone in una padella preriscaldata a fuoco medio-alto; speziare con sale e pepe a piacere. Far bollire, ridurre il calore a medio. Aggiungere le polpette di carne e lasciarle cuocere a fuoco lento fino a completa cottura, mescolando accuratamente.

6. Servire polpette di carne con salsa di pomodoro e peperoni arrostiti. Guarnire con manchego sbriciolato e servire!

NUTRIZIONE: Calorie 348, Proteine 42,8g, Grassi 13,7g, Carboidrati 5,9g, Zucchero 2,7g

I migliori Sloppy Joe di sempre

Tempo di preparazione: 10 minuti

Tempo di cottura: 20 minuti

Porzioni: 6

INGREDIENTI

- 1 cucchiaino di senape
- Sale e pepe macinato, a piacere
- Mandrino da 1 libbra e mezzo macinato
- 2 cucchiaini di sego, temperatura ambiente
- 2 scalogni, finemente tritati
- 1 cucchiaio di aceto di cocco
- 1 cucchiaino di chipotle in polvere
- 1 cucchiaino di semi di sedano

- 1/2 tazza di passata di pomodoro
- 1 cucchiaino d'aglio tritato
- 1 cucchiaino di pepe di cayenna

DIREZIONI

1. Sciogliere 1 cucchiaio di sego in una padella a fondo pesante con una normale fiamma alta.
2. Dopo di che, far soffriggere lo scalogno e l'aglio fino a renderli teneri e aromatici; riservare.
3. Nella stessa padella, sciogliere un altro cucchiaio di sego. Dopodiché, macinare il mandrino marrone, sbriciolando con una spatola.
4. Riportare le verdure nella padella; mescolare gli altri ingredienti. Mettere il fuoco a fuoco medio-basso; far cuocere a fuoco lento per 20 minuti; mescolando ogni tanto.
5. Godetevi i panini keto. Bon appétit!

NUTRIZIONE: Calorie 313, Proteine 26,6g, Grassi 20,6g, Carboidrati 3,5g, Zucchero; 0,3g

Costoletta alla griglia

Tempo di preparazione: 15 minuti

Tempo di cottura: 5 minuti

Porzioni: 6

INGREDIENTI

- 1 cucchiaio di salsa Worcestershire
- 2 cucchiai di olio d'oliva
- 2 cucchiai di vino rosso secco
- Sale di sedano e pepe nero macinato, a piacere
- 1 cucchiaio di salsa di ostriche
- 2 spicchi d'aglio, schiacciati
- 1 rametto di timo, tritato
- 2 rametti di rosmarino, tritati
- 1 cucchiaino di salvia essiccata, schiacciata

- 1/2 cucchiaino di chipotle in polvere
- 2 libbre di bistecche a costata di manzo

DIREZIONI

1. In una terrina, fondere completamente la salsa di ostriche e l'aglio, la salsa Worcestershire, il timo, il rosmarino, il sale, la salvia, la polvere di chipotle, il pepe, il vino e l'olio d'oliva.

2. Dopo di che, marinate le bistecche di costata di manzo in frigorifero per tutta la notte.

3. Preriscaldare la griglia precedentemente leggermente unta. Grigliate le bistecche di costata a fuoco diretto per 4-5 minuti su ogni lato per il medio-raro. Bon appétit!

NUTRIZIONE: Calorie 314, Proteine 48.2g, Grassi 11.4g;, Carboidrati 1g, Zucchero 0.6g

Salsiccia di manzo con salsa mayo

Tempo di preparazione: 9 minuti

Tempo di cottura: 6 minuti

Porzioni: 4

INGREDIENTI

- 1 spicchio d'aglio tritato finemente
- 2 cucchiai di coriandolo, tritato
- 1/2 cucchiaino di maggiorana essiccata
- 1/2 cucchiaino di sale
- 1/3 cucchiaino di fiocchi di pepe rosso
- 1 cucchiaio di strutto, a temperatura ambiente
- 1 cipolla rossa, tritata
- 1 cucchiaio di passata di pomodoro
- Salsiccia di manzo da un chilo, sbriciolata
- Per la salsa:

- 1 ½ cucchiaino di senape
- 1/4 tazza di maionese
- 1 cucchiaino di pepe di cayenna
- Un pizzico di sale

DIREZIONI

1. Sciogliere il lardo a calore medio-alto. Includere la cipolla e l'aglio e riscaldare per 2 minuti o fino a quando diventano teneri e profumati.

2. Mescolare la carne di manzo e iniziare a cuocere per circa 3 minuti in più. Mescolare il peperone rosso, il sale, la maggiorana e il coriandolo; Scaldare per 1 minuto in più.

3. Dopo, preparare la salsa sbattendo tutti gli ingredienti della salsa. Gustatela sopra il pane piatto a basso contenuto di carboidrati.

NUTRIZIONE: Calorie 549, Proteine 16,2g, Grassi 49,3g, Carboidrati 4,7g, Zucchero 2,3g

Petto di manzo buono da leccarsi le dita

Tempo di preparazione: 30 minuti

Tempo di cottura: 3 ore

Porzioni: 8

INGREDIENTI

- 2 spicchi d'aglio, dimezzati
- 1 cucchiaino di scalogno in polvere
- 1/2 cucchiaino di pepe nero appena macinato
- 1/4 di tazza di vino rosso secco
- 1 cucchiaio di senape di Digione
- 2 libbre di petto di manzo, tagliato
- 1 cucchiaino di maggiorana essiccata
- 1 cucchiaino di rosmarino essiccato

- 1 cucchiaino di sale marino

DIREZIONI

1. Iniziare preriscaldando un forno a 3750F. Pulire la punta di petto cruda con aglio e senape di Digione.

2. Ora, eseguire una strofinata a secco fondendo gli ingredienti rimanenti. Condite la punta di petto su entrambi i lati usando lo sfregamento. Trasferire il vino nella padella.

3. Mettete la punta di petto di manzo in una teglia da forno. Arrostire in forno per 1 ora.

4. Ridurre la temperatura del forno a 3000F; arrostire per un'ulteriore durata di 2 ore e 30 minuti.

5. Ora, affettate la carne e gustatela con il succo della teglia. Bon appétit!

NUTRIZIONE: Calorie 219, Proteine 34,6g, Grassi 7,2g, Carboidrati 0,6g, Zucchero 0,1g

Inverno Guinness dei Guinness dei primati

Tempo di preparazione: 10 minuti

Tempo di cottura: 1 ora

Porzioni: 6

INGREDIENTI

- 1 ½ tazza di passata di pomodoro
- 1 tazza di porri, tritato
- 1 foglia di alloro
- 1 gambo di sedano tritato
- 3 tazze di acqua bollente
- 1/4 di tazza di foglie di menta, tritate, per servire
- 1 cucchiaio di brodo di manzo in granuli

- Spalla del mandrino da 1 libbra e mezzo, tagliata a cubetti a misura di morso
- 1 ½ cucchiai di olio di avocado
- 1 tazza di birra Guinness
- 1/2 cucchiaino di semi di cumino

DIREZIONI

1. Applicare il calore all'olio in una pentola a calore medio-alto. A questo punto, far soffriggere i cubetti di spalla di mandrino fino a farli rosolare; riservare.
2. Ora, fate soffriggere le verdure in padella per circa 8 minuti, mescolando ogni tanto.
3. Aggiungete gli altri ingredienti, lasciando fuori le foglie di menta, ed esponete il tutto ad una rapida ebollizione. Dopo di che, girare il fuoco a fuoco medio-basso; lasciar cuocere a fuoco lento per circa 50 minuti.
4. Mescolare in ciotole individuali e servire guarnite con foglie di menta. Bon appétit!

NUTRIZIONE: Calorie 444, Proteine 66.3g, Grassi 14.2g, Carboidrati 6.1g, Zucchero 2.7g

Polpettone di prosciutto crudo greco

Tempo di preparazione 15 minuti

Tempo di cottura: 55 minuti

Porzioni: 8

INGREDIENTI

- 2 cucchiaini di condimento greco
- 1/4 di tazza metà e metà
- 8 fette di prosciutto
- Mezzo chilo di agnello macinato
- 2 uova, sbattute
- 1 cucchiaio di salsa Worcester
- 3 cucchiaini di olio d'oliva
- 2 libbre di carne macinata
- 2 scalogni, finemente tritati
- 6 once di formaggio feta, sbriciolato
- 1 cucchiaio di senape marrone
- 1/2 tazza di olive Kalamata tritate

DIREZIONI

1. Preriscaldare il forno a 3900F.
2. Riscaldare l'olio in una padella di ghisa riscaldata a fuoco medio. Far soffriggere lo scalogno fino a quando non diventa morbido e leggermente rosolato.

3. In un grande recipiente di miscelazione, fondere completamente gli ingredienti rimanenti, lasciando fuori il prosciutto. Aggiungere la cipolla saltata e mescolare bene.

4. Modellare la sostanza di fusione in un polpettone di carne. Avvolgete il polpettone nelle fette di prosciutto e spostatelo in una teglia.

5. Chiuderlo con un pezzo di foglio di alluminio. Cuocere in forno per 40 minuti. Smaltire il foglio di alluminio e cuocere per altri 10-13 minuti. Bon appétit!

NUTRIZIONE: Calorie 442, Proteine 56,3g, Grassi 20,6g, Carboidrati 4,9g, Zucchero 1g

Insalata fredda di manzo alla greca

Tempo di preparazione: 15 minuti

Tempo di cottura: 5 minuti

Porzioni: 6

INGREDIENTI

- 1 peperone arancione, tagliato a fette sottili
- 1 peperone verde a fette sottili
- 1 cucchiaio di succo di limone fresco
- Sale e pepe nero macinato, a vostro piacimento
- 1 tazza di pomodori all'uva, dimezzati
- 1 cucchiaio di salsa di soia
- 1 libbra e mezzo di manzo bistecca di fesa di manzo
- 1/2 cucchiaino di origano essiccato

- 1 cespo di lattuga, foglie separate
- 1 cipolla rossa sbucciata e tagliata a fette sottili
- 2 cetrioli a fette sottili
- 1/4 di tazza di olio extravergine di oliva

DIREZIONI

1. In un contenitore per l'insalata, buttate le cipolle, i cetrioli, il pomodoro, il peperone e le foglie di lattuga al burro.

2. Prima di riscaldare una griglia per barbecue; scaldare la bistecca per 3 minuti per lato. Dopo di che, tagliare la bistecca a fettine sottili attraverso il grano.

3. Includere le fette di carne all'insalata.

4. Preparare il condimento sbattendo l'origano, il sale, il pepe, il succo di limone, l'olio d'oliva e la salsa di soia.

5. Condite l'insalata e gustatela ben fresca.

NUTRIZIONE: Calorie 315, Proteine 37,5g, Grassi 13,8g, Carboidrati 6,4g, Zucchero 2,4g

Costoletta al forno

Tempo di preparazione: 10 minuti

Tempo di cottura: 25 minuti

Porzioni: 6

INGREDIENTI

- 1 cucchiaino di sale marino
- 1 cucchiaio di olio d'oliva
- 1/2 cucchiaino di pepe nero macinato
- 2 cucchiai di aceto di sidro di mele
- 1 libbra e mezzo di costata di manzo
- 2 spicchi d'aglio, tritati
- 1/2 tazza di salsa Worcester

DIREZIONI

1. Preriscaldare il forno a 3500F. Lubrificare una teglia da forno con uno spray da cucina antiaderente.

2. Riscaldare l'olio d'oliva in una padella che si trova sulla fronte a fuoco medio-alto. Condite la bistecca con sale e pepe nero; scottate la bistecca fino a quando non sarà appena rosolata o la durata di circa 3 minuti.

3. Mettere la bistecca nella teglia preparata. In un recipiente di miscelazione, fondere la salsa Worcester, l'aglio e l'aceto di sidro di mele. Trasferire questo composto sulla bistecca.

4. Ora, chiudete bene con un pezzo di carta stagnola. Arrostite la bistecca per circa 20 minuti o fino a quando non diventa tenera e ben rosolata. Buon appetito!

NUTRIZIONE: Calorie 343, Proteine 20.1g, Grassi 27.3g, Carboidrati 3g, Zucchero 0g

Pomodori ripieni con formaggio Cotija

Tempo di preparazione: 5 minuti

Tempo di cottura: 30 minuti

Porzioni: 4

INGREDIENTI

- 1 tazza di scalogno, tritato
- 2 cucchiai di concentrato di pomodoro senza zucchero
- 1/2 cucchiaino di semi di cumino
- 2 spicchi d'aglio, tritati
- 1 cucchiaino di paprika dolce
- 1 libbra di carne macinata

- 1 cucchiaio di olio d'oliva
- Sale e pepe, a vostro piacimento
- 1/2 tazza di brodo di manzo
- 1 cucchiaino di foglie di coriandolo essiccato
- 8 pomodori, togliete la polpa e tritatela
- 3/4 di tazza di formaggio Cotija, tritato

DIREZIONI

1. Iniziate preriscaldando il forno a 3500F. Ungere delicatamente una casseruola con uno spray da cucina.

2. Applicare il calore all'olio in una casseruola a fuoco moderatamente alto. Far soffriggere gli scalogni e l'aglio fino a renderli aromatici.

3. Mescolare la carne macinata; cuocere per 5 minuti, sbriciolando con una spatola. Includere il concentrato di pomodoro e riscaldare a fondo. Condire con pepe, sale e semi di cumino.

4. Riempite i pomodori con il composto di manzo e spostateli nella casseruola già preparata.

5. In un contenitore di miscelazione, frullare la polpa di pomodoro con coriandolo, paprika e brodo. Trasferire il composto sopra i pomodori ripieni.

6. Cuocere in forno fino a quando i pomodori diventano teneri, per circa 20 minuti. Ricoprire con formaggio Cotija e cuocere un tempo supplementare di 5 minuti. Bon appétit!

NUTRIZIONE: Calorie 244, Proteine 28,9g, Grassi 9,6g, Carboidrati 6g, Zucchero 4g

VERDURE

Stufato di zucca e cavolfiore di zucca e cavolfiore

Tempo di preparazione:5 minuti

tempo di cottura:10 minuti

Al servizio: 4

INGREDIENTI:

- 3 spicchi d'aglio tritati
- 1 tazza di cavolfiore a fiori di cavolfiore
- 1 ½ tazza di zucca al burro di noce, a cubetti
- 2 ½ tazze e mezzo di panna pesante
- Quello che vi servirà dalla credenza del negozio:
- Pepe e sale a piacere
- 3 cucchiai di olio di cocco

DIREZIONE:

1. Scaldare l'olio in una padella e far soffriggere l'aglio fino a quando non sarà profumato.
2. Mescolare il resto degli ingredienti e condire con sale e pepe a piacere.
3. Chiudere il coperchio e portare ad ebollizione per 10 minuti.
4. Servire e godere.

NUTRIZIONE: Calorie: 385; Grassi: 38,1g; Carboidrati: 10g; Proteine: 2g

Funghi di Portobello alle erbe

Tempo di preparazione: 10 minuti

Tempo di cottura: 10 minuti

Servizio: 2

INGREDIENTI:

- 2 Funghi Portobello, raspati e puliti
- 1 cucchiaino di aglio tritato
- ¼ cucchiaino di rosmarino essiccato
- 1 cucchiaio di aceto balsamico
- ¼ di tazza di provolone grattugiato
- Quello che vi servirà dalla credenza del negozio:
- 4 cucchiai di olio d'oliva
- Sale e pepe a piacere

DIREZIONE:

1. In un forno, posizionare la rastrelliera a 4 pollici di distanza dalla parte superiore e preriscaldare il pollo.
2. Preparare una teglia da forno spruzzando leggermente con lo spray da cucina.
3. Senza stelo, mettere le branchie dei funghi dal lato opposto.
4. Mescolare bene aglio, rosmarino, aceto balsamico e olio d'oliva in una piccola ciotola. Condire con sale e pepe a piacere.
5. Piovigginare sui funghi allo stesso modo.
6. Marinare per almeno 5 minuti prima di infornare e far bollire per 4 minuti per lato o fino a quando sarà tenero.
7. Una volta cotto, togliete dal forno, spolverate il formaggio, tornate alla griglia e cuocete per un minuto o due o fino a quando il formaggio non si scioglie.
8. Togliere dal forno e servire subito.

NUTRIZIONE: Calorie: 168; Grasso: 5.1g; Carboidrati: 21.5g; Proteine: 8.6g

Stile greco Veggie-Riso

Tempo di preparazione: 15 minuti,

Tempo di cottura: 20 minuti

Al servizio: 3

INGREDIENTI:

- 3 cucchiai di menta fresca tritata
- 1 pomodoro piccolo, tritato
- 1 testa di cavolfiore, tagliata in grandi cimette
- ¼ di tazza di succo di limone fresco
- ½ cipolla gialla, tritata
- Quello che vi servirà dalla credenza del negozio:
- pepe e sale a piacere
- ¼ di tazza di olio extra vergine di oliva

DIREZIONE:

1. In una ciotola mescolate il succo di limone e la cipolla e lasciate riposare per 30 minuti. Poi scolare la cipolla e riservare il succo e i pezzetti di cipolla.

2. In un frullatore, triturare il cavolfiore fino alla dimensione di un chicco di riso.

3. Su fuoco medio, mettere una padella antiaderente media e per 8-10 minuti cuocere il cavolfiore coperto.

4. Aggiungere i pomodori all'uva e cuocere per 3 minuti mescolando di tanto in tanto.

5. Aggiungere le punte di menta e di cipolla. Cuocere per altri tre minuti.

6. Nel frattempo, in una piccola ciotola sbattete il pepe, il sale, 3 cucchiai di succo di limone riservato, e l'olio d'oliva fino a quando non sarà ben amalgamato.

7. Togliere il cavolfiore cotto, trasferirlo in una ciotola da portata, versare il composto di succo di limone e mescolare.

8. Prima di servire, se necessario, condire con pepe e sale a piacere.

NUTRIZIONE: Calorie: 120; Grassi: 9.5g; Carboidrati: 4.0g; Proteine: 2.3g

Torta di Zucchine alla crema di Aglio e Zucchine Acide

Tempo di preparazione: 10 minuti,

Tempo di cottura: 35 minuti

Al servizio: 3

INGREDIENTI:

- 1 ½ tazza di zucchine a fette
- 5 cucchiai di olio d'oliva
- 1 cucchiaio di aglio tritato
- 1/4 di tazza di parmigiano grattugiato
- 1 (8 once) confezione da 1 (8 once) di formaggio cremoso, ammorbidito
- Quello che vi servirà dalla credenza del negozio:
- Sale e pepe a piacere

DIREZIONE:

1. Ingrassare leggermente una teglia da forno con lo spray da cucina.
2. Mettere le zucchine in una ciotola e metterle in olio d'oliva e aglio.
3. Mettere le fette di zucchine in un unico strato nel piatto.
4. Cuocere in forno per 35 minuti a 3900F fino a quando non diventa croccante.
5. In una ciotola, sbattere bene gli ingredienti rimanenti.
6. Servire con zucchine

NUTRIZIONE: Calorie: 385; Grassi: 32.4g; Carboidrati: 9.5g; Proteine: 11.9g

Anelli di cipolla stagionati Paprika 'n Cajun

Tempo di preparazione: 15 minuti,

Tempo di cottura: 25 minuti

Al servizio: 6

INGREDIENTI:

- 1 cipolla bianca grande
- 2 uova grandi, sbattute
- ½ cucchiaino da tè condimento Cajun
- ¾ di tazza di farina di mandorle
- 1 cucchiaino e mezzo di paprika
- Quello che vi servirà dalla credenza del negozio:
- ½ tazza di olio di cocco per friggere
- ¼ di tazza d'acqua
- Sale e pepe a piacere

DIREZIONE:

1. Preriscaldare una pentola con olio per 8 minuti.
2. Sbucciate la cipolla, tagliate la parte superiore e affettatela in cerchi.
3. In una terrina, unire l'acqua e le uova. Condire con pepe e sale.
4. Immergere la cipolla nel composto di uova.

---

5. In un'altra ciotola, unire la farina di mandorle, la paprika in polvere, il condimento Cajun, il sale e il pepe.
6. Immergere la cipolla nell'impasto di farina di mandorle.
7. Mettere nella pentola e cuocere in lotti fino a doratura, circa 8 minuti per lotto.

NUTRIZIONE: Calorie: 262; Grassi: 24,1g; Carboidrati: 3,9g; Proteine: 2,8g

Cavolo cremoso e funghi

Tempo di preparazione: 10 minuti,

Tempo di cottura: 15 minuti

Al servizio: 3

INGREDIENTI:

- 3 spicchi d'aglio tritati
- 1 cipolla, tritata
- 1 mazzo di cavolo riccio, steli rimossi e foglie tritate
- 3 funghi a bottone bianco, tritati
- 1 tazza di crema pesante
- Quello che vi servirà dalla credenza del negozio:
- 5 cucchiai di olio
- Sale e pepe a piacere

DIREZIONE:

1. Olio da riscaldamento in una pentola.
2. Far soffriggere l'aglio e la cipolla per 2 minuti.
3. Mescolare i funghi. Condire con pepe e sale. Cuocere per 8 minuti.
4. Mescolare in cavolo e latte di cocco. Far bollire a fuoco lento per 5 minuti.
5. Adattare il condimento al gusto.

NUTRIZIONE: Calorie: 365; Grassi: 35.5g; Carboidrati: 7.9g; Proteine: 6.0g

Funghi di terracotta saltati in padella

Tempo di preparazione: 15 minuti

Tempo di cottura: 15 minuti

Al servizio: 4

INGREDIENTI:

- 4 cucchiai di burro
- 3 spicchi d'aglio tritati
- 6 once di funghi marroni freschi, tagliati a fette
- 7 once di funghi shiitake freschi, tagliati a fette
- Un pizzico di timo
- Quello che vi servirà dalla credenza del negozio:
- 2 cucchiai di olio d'oliva
- Sale e pepe a piacere

DIREZIONE:

1. Riscaldare il burro e l'olio in una pentola.
2. Far soffriggere l'aglio fino a quando non sarà profumato, circa 2 minuti.
3. Mescolare il resto degli ingredienti e cuocere fino a quando non si ammorbidisce, circa 13 minuti.

NUTRIZIONE: Calorie: 231; Grassi: 17,5g; Carboidrati: 8,7g; Proteine: 3,8g

Mescolare Bok Choy Fritto

Tempo di preparazione: 10 minuti

Tempo di cottura: 15 minuti

Al servizio: 4

INGREDIENTI:

- 4 spicchi d'aglio tritati
- 1 cipolla, tritata
- 2 teste bok choy, sciacquate e tritate
- 2 cucchiai di olio di sesamo
- 2 cucchiai di semi di sesamo tostati
- Quello che vi servirà dalla credenza del negozio:
- 3 cucchiai di olio
- Sale e pepe a piacere

DIREZIONE:

1. Riscaldare l'olio in una pentola per 2 minuti.
2. Far soffriggere l'aglio e le cipolle fino a quando non saranno fragranti, circa 3 minuti.
3. Mescolare il bok choy, sale e pepe.
4. Coprire la padella e cuocere per 5 minuti.
5. Mescolare e continuare la cottura per altri 3 minuti.
6. Prima di servire, spruzzare con olio di sesamo e semi di sesamo.

NUTRIZIONE: Calorie: 358; Grassi: 28,4g; Carboidrati: 5,2g; Proteine: 21,5g

---

Frittelle di cavolfiore

Tempo di preparazione: 20 minuti,

Tempo di cottura: 15 minuti

Al servizio: 6

INGREDIENTI:

- 1 grande testa di cavolfiore, tagliata in cimette
- 2 uova, sbattute
- ½ cucchiaino di curcuma
- 1 cipolla grande, pelata e tritata
- Quello che vi servirà dalla credenza del negozio:
- ½ cucchiaino di sale
- ¼ di cucchiaino di pepe nero
- 6 cucchiai di olio

DIREZIONE:

1. Mettere i fiori di cavolfiore in una pentola con acqua.
2. Portare ad ebollizione e scolare una volta cotta.
3. Mettere il cavolfiore, le uova, la cipolla, la curcuma, il sale e il pepe nel robot da cucina.
4. Impulso fino a quando la miscela diventa grossolana.
5. Trasferire in una ciotola. Con le mani, formare sei palline appiattite e metterle in frigorifero per almeno 1 ora fino a quando il composto non si indurisce.
6. Riscaldare l'olio in una padella e friggere le polpette di cavolfiore per 3 minuti su ogni lato.
7. Servire e godere.

NUTRIZIONE: Calorie: 157; Grasso: 15.3g; Carboidrati: 2.28g; Proteine: 3.9g

Uova strapazzate con funghi e spinaci

Tempo di preparazione: 3 minuti

Tempo di cottura: 15 minuti

Servizio: 2

INGREDIENTI:

- 2 uova grandi
- 1 cucchiaino di burro
- 1/2 tazza di funghi freschi a fette sottili
- 1/2 tazza di spinaci freschi per bambini, tritati
- 2 cucchiai di provolone tritato
- Quello che vi servirà dalla credenza del negozio:
- 1/8 di cucchiaino di sale
- 1/8 di cucchiaino di pepe

DIREZIONE:

1. In una ciotola piccola, sbattete le uova, il sale e il pepe fino ad ottenere un composto. In una piccola padella antiaderente, scaldare il burro a fuoco medio-alto. Aggiungere i funghi; cuocere e mescolare per 3-4 minuti o fino a quando saranno teneri. Aggiungere gli spinaci; cuocere e mescolare fino ad appassire. Ridurre il calore a medio.

2. Aggiungere il composto di uova; cuocere e mescolare fino a quando le uova non si sono addensate e non rimane alcun uovo liquido. Mescolare il formaggio.

NUTRIZIONE: Per porzione: Calorie: 162; Grassi: 11g; Carboidrati: 2g; Proteine: 14g

Miscela di Indivie con Condimento al Limone

Tempo di preparazione: 15 minuti

Tempo di cottura: 0 minuti

Al servizio: 8

INGREDIENTI:

- 1 mazzo di crescione (4 once)
- 2 teste di indivia, tagliate a metà nel senso della lunghezza e tagliate a fette sottili
- 1 tazza di semi di melograno (circa 1 melograno)
- 1 scalogno a fette sottili
- 2 limoni, spremuti e zuccherati
- Quello che vi servirà dalla credenza del negozio:
- 1/4 di cucchiaino di sale
- 1/8 di cucchiaino di pepe
- 1/4 di tazza di olio d'oliva

DIREZIONE:

1. In una grande ciotola, combinare crescione, indivia, semi di melograno e scalogno.
2. In una ciotola piccola, frullate il succo di limone, la scorza, il sale, il pepe e l'olio d'oliva. Versate sopra l'insalata; saltate per rivestirla.

NUTRIZIONE: Calorie: 151; Grasso:13g; Carboidrati: 6g; Proteine: 2g

MINESTRE E STUFATI

Stufato di manzo alle erbe

Tempo di preparazione: 5 minuti

Tempo di cottura: 50 minuti

Porzioni: 6

INGREDIENTI:

- 2 cucchiaini di strutto, a temperatura ambiente
- Mandrino superiore da 1 libbra e mezzo, tagliato a cubetti a misura di morso
- 1 gambo di sedano tritato
- 2 peperoni italiani, tritati
- 1/2 tazza di cipolle, tritate

- Sale kosher, per condire
- 1/4 di cucchiaino di pepe nero appena macinato, a piacere
- 2 pomodori maturi, purè
- 4 tazze di brodo vegetale
- 1 rametto di timo
- 1 rametto di rosmarino
- 1 alloro di alloro
- 2 cucchiai di erba cipollina fresca, tagliata grossolanamente

DIREZIONI:

1. Sciogliere il lardo in una pentola da minestra a fuoco medio-alto. Cuocere i dadi del mandrino superiore per 8-9 minuti fino a farli rosolare; riservare, tenendolo in caldo.

2. Poi, nel fondo di cottura, fate soffriggere in padella il sedano, i peperoni italiani e le cipolle per 5 minuti, fino a quando non si saranno ammorbiditi. Aggiungere l'aglio e continuare a soffriggere per 30 secondi fino a 1 minuto in più o fino ad aromatico.

3. Rimettere nella pentola la carne di manzo riservata insieme al sale, al pepe nero, ai pomodori, al brodo vegetale, al timo, al rosmarino e all'alloro.

4. Portare ad ebollizione e portare immediatamente il calore a medio-basso. Lasciare cuocere, parzialmente coperto, per altri 35 minuti.

5. Guarnire con erba cipollina fresca e servire in ciotole individuali. Bon appétit!

NUTRIZIONE: Per porzione: 277 Calorie; 21,5g di grassi; 2,7g di carboidrati; 17,4g di proteine; 0,8g di fibre

---

Riso al sesamo e cavolfiore al chorizo

Tempo di preparazione: 2 minuti

Tempo di cottura: 10 minuti

Dosi: 2

INGREDIENTI:

- 8 oz di cavolfiore grattugiato
- 2 oz chorizo
- 1/3 cucchiaino di polvere di zenzero
- 1/3 cucchiaino di aglio in polvere
- 1 cucchiaio di olio di sesamo
- Stagionatura:
- 1/3 cucchiaino di sale
- ¼ di cucchiaino di pepe nero macinato
- 1 cucchiaio di olio di avocado

DIREZIONI:

1. Prendere una padella media, metterla a fuoco medio, aggiungere l'olio di avocado e quando sarà calda, aggiungere il chorizo e far cuocere per 3-5 minuti fino a cottura completa. Trasferite il chorizo in un piatto, pulite la padella, rimettetela a fuoco medio, aggiungete l'olio di sesamo e quando sarà caldo, aggiungete il cavolfiore grattugiato e cuocete per 3 minuti fino a quando sarà quasi cotto. Rimettere il chorizo nella padella, salare e pepare, mescolare e continuare la cottura per 2 o 3 minuti fino a cottura

completa. Distribuire il riso al cavolfiore chorizo tra due piatti, guarnire con semi di sesamo e servire.

NUTRIZIONE: 229 Calorie; 20,5 g di grassi; 6,2 g di proteine; 1,4 g di carboidrati netti; 2 g di fibre;

Zucchine al formaggio e boccali di manzo

Tempo di preparazione: 5 minuti

Tempo di cottura: 10 minuti

Dosi: 2

INGREDIENTI:

- 4 oz di roast beef a fette di rosticceria, strappate
- 3 cucchiai di panna acida
- 1 piccola zucchina, tritata
- 2 cucchiai di peperoncini verdi tritati
- 3 oz di formaggio cheddar a pezzetti

DIREZIONI:

1. Dividere le fette di manzo sul fondo di 2 boccali larghi e spalmare un cucchiaio di panna acida. Aggiungete 2 fette di zucchine, salate e pepate, aggiungete i peperoncini verdi, aggiungete la panna acida rimanente e poi il formaggio cheddar. Mettere i boccali nel microonde per 1-2 minuti fino a quando il formaggio non si scioglie. Togliere le tazze, lasciar raffreddare per 1 minuto e servire.

NUTRIZIONE: Per porzione: Cal 188; Carboidrati netti 3,7g; Grasso 9g; Proteine 18g

Carne di manzo alla griglia

Tempo di preparazione: 5 minuti

Tempo di cottura: 25 minuti

Porzioni: 3

INGREDIENTI:

- 1 libbra e mezzo di manzo lombo corto
- 2 rametti di timo, tritati
- 1 rametto di rosmarino, tritato
- 1 cucchiaino di aglio in polvere
- Sale marino e pepe nero macinato, a piacere

DIREZIONI:

1. Mettere tutti gli ingredienti di cui sopra in un sacchetto con cerniera richiudibile. Agitare fino a quando la lonza corta di manzo è ben rivestita su tutti i lati.

2. Cuocere su una griglia preriscaldata per 15 minuti, girando una o due volte durante la cottura.

3. Lasciatelo riposare per 5 minuti prima di affettarlo e servirlo. Bon appétit!

NUTRIZIONE: Per porzione: 313 Calorie; 11.6g di grassi; 0.1g di carboidrati; 52g di proteine; 0.1g di fibre

Stufato di manzo e verdure Herby

Tempo di preparazione: 15 minuti

Tempo di cottura: 15 minuti

Porzioni: 4

INGREDIENTI:

- 1 libbra di carne macinata
- 2 cucchiai di olio d'oliva
- 1 cipolla, tritata
- 2 spicchi d'aglio, tritati
- 14 once di pomodori in scatola a dadini
- 1 cucchiaio di rosmarino essiccato
- 1 cucchiaio di salvia essiccata

- 1 cucchiaio di origano essiccato
- 1 cucchiaio di basilico essiccato
- 1 cucchiaio di maggiorana essiccata
- Sale e pepe nero, a piacere
- 2 carote, a fette
- 2 gambi di sedano, tritati
- 1 tazza di brodo vegetale

DIREZIONI:

1. Mettere una padella a fuoco medio, aggiungere l'olio d'oliva, la cipolla, il sedano e l'aglio e far soffriggere per 5 minuti. Mettere nel manzo e cuocere per 6 minuti. Mescolare i pomodori, le carote, il brodo, il pepe nero, l'origano, la maggiorana, il basilico, il rosmarino, il sale e la salvia e far cuocere a fuoco lento per minuti. Servire e gustare!

NUTRIZIONE: Per porzione: Kcal 253, Grasso 13g, Carboidrati netti 5.2g, Proteine 30g

Salsiccia con spaghetti alle zucchine

Dosi: 2

Tempo di cottura: 12 minuti

INGREDIENTI:

- 1 zucchina grande, spiralizzata in tagliatelle
- 3 oz salsiccia
- ½ cucchiaino di aglio in polvere
- 4 oz di salsa marinara
- 2 cucchiai di parmigiano grattugiato
- Stagionatura:
- 1/3 cucchiaino di sale
- 1/8 cucchiaino di basilico essiccato
- ¼ cucchiaino di condimento italiano
- 1 cucchiaio di olio di avocado

DIREZIONI:

1. Prendete una padella, mettetela a fuoco medio e quando sarà calda, aggiungete la salsiccia, sbriciolatela e fatela cuocere per 5 minuti fino a quando non sarà ben rosolata. Al termine, trasferire la salsiccia in una ciotola, scolare il grasso, aggiungere l'olio e quando sarà caldo, aggiungere le zucchine, cospargere con l'aglio, mescolare e cuocere per 3 minuti fino a quando le zucchine non cominceranno a tenersi. Aggiungere il sugo alla marinara, rimettere la salsiccia in padella, saltare fino a quando non è mescolata,

aggiungere il sale, il basilico e il condimento italiano, mescolare fino a quando non è mescolata e cuocere per 2 o 3 minuti fino a quando non è calda. Al termine, distribuire le tagliatelle alla marinara tra due piatti, cospargerle di formaggio e poi servire.

INFO NUTRIZIONE: 320 Calorie; 27,6 g di grassi; 8,6 g di proteine; 5,2 g di carboidrati netti; 2,7 g di fibre;

Ultimate Lasagne alle zucchine

Tempo di preparazione: 17 minuti

Tempo di cottura: 28 minuti

Porzioni: 7

INGREDIENTI:

- 2 cucchiai di olio d'oliva
- Mandrino a terra da 2,5 libbre
- 1 scalogno, tritato
- Sale marino e pepe nero macinato, a piacere
- 1 cucchiaino di pepe di cayenna
- 1 cucchiaio di bistecca mista di condimento
- 1 zucchina di grandi dimensioni, a fette
- 7 uova

- 7 once di formaggio cremoso
- 1 tazza di formaggio Asiago, tritato

DIREZIONI:

1. Riscaldare l'olio d'oliva in una padella a fuoco moderato; una volta caldo, far rosolare il macinato per 4-5 minuti.

2. Aggiungere lo scalogno e continuare a soffriggere per altri 3 minuti o fino a quando non sarà tenero e traslucido. Condite con sale, pepe nero, pepe di Caienna e bistecca.

3. Asciugare le fette di zucchine per eliminare l'umidità in eccesso.

4. Mettere 1/3 del composto sul fondo di una casseruola leggermente unta. Sopra con lo strato di fette di zucchine. Ripetere fino a quando non si esaurisce il composto di zucchine e manzo.

5. In una terrina, sbattete le uova con la panna acida; spalmate il composto sopra. Ricoprire con il formaggio Asiago.

6. Coprire la casseruola con un foglio di alluminio. Cuocere in forno preriscaldato a 3 gradi F per 20 minuti.

7. Togliere il foglio di alluminio e cuocere per altri 15 minuti fino a quando la parte superiore è dorata. Bon appétit!

NUTRIZIONE: Per porzione: 467 Calorie; 31,8g di grassi; 3,3g di carboidrati; 42g di proteine; 0,4g di fibre

Polpettone di manzo al dragoncello

Tempo di preparazione: 10 minuti

Tempo di cottura: 1 ora

Porzioni: 4

INGREDIENTI:

- 2 libbre di carne macinata
- 3 cucchiai di farina di semi di lino
- 2 uova grandi
- 2 cucchiai di olio d'oliva
- 1 limone, scorza di limone
- ¼ di tazza di dragoncello tritato
- ¼ di tazza di origano tritato
- 4 spicchi d'aglio tritati

DIREZIONI:

1. Preriscaldare il forno a 400 F e ingrassare una padella con lo spray da cucina. In una terrina, unire la carne di manzo, il sale, il pepe e la farina di semi di lino; mettere da parte. In un'altra terrina, sbattere le uova con olio d'oliva, scorza di limone, dragoncello, origano e aglio. Versare il composto sul composto di carne di manzo e unirlo uniformemente. Mettere il composto di carne al cucchiaio nella padella e premere per farvi aderire. Cuocere in forno per un'ora. Togliere la padella, inclinarla per far sgocciolare il liquido

della carne e lasciarla raffreddare per 5 minuti. Tagliare a fette, guarnire con fette di limone e servire con riso al curry.

NUTRIZIONE: Per porzione: Cal 631; Carboidrati netti 2,8g; Grasso 38g; Proteine 64g

Salsiccia con pomodoro e formaggio

Tempo di preparazione: 6 minuti

Tempo di cottura: 24 minuti

Porzioni: 4

INGREDIENTI:

- 2 once di olio di cocco, fuso
- 2 libbre di salsiccia di maiale italiano, tritata
- 1 cipolla, affettata
- 4 pomodori essiccati al sole, tagliati a fette sottili
- Sale e pepe nero a piacere
- ½ libbra di formaggio gouda grattugiato
- 3 peperoni gialli, tritati
- 3 peperoni arancioni, tritati

- Un pizzico di fiocchi di pepe rosso
- Una manciata di prezzemolo a fette sottili

DIREZIONI:

1. Scaldare una padella con l'olio a fuoco medio alto, aggiungere le fette di salsiccia, mescolare, cuocere per 3 minuti per lato, trasferire in un piatto e lasciare da parte per ora.

2. Riscaldare di nuovo la padella a fuoco medio, aggiungere la cipolla, i peperoni gialli e arancioni e i pomodori, mescolare e cuocere per 5 minuti.

3. Aggiungere i fiocchi di pepe, salare e pepare, mescolare bene, cuocere per 1 minuto e togliere il fuoco.

4. Disporre le fette di salsiccia in una teglia da forno, aggiungere sopra il composto di peperoni, aggiungere anche prezzemolo e gouda, introdurre in forno a 350 gradi e cuocere per 15 minuti.

5. Dividere su piatti e servire caldo.

6. Buon divertimento!

NUTRIZIONE: calorie 200, grassi 5, fibre 3, carboidrati 6, proteine 14

Costolette di maiale in agrodolce

Tempo di preparazione: 5 minuti

Tempo di cottura: 45 minuti

Porzioni: 6

INGREDIENTI:

- 6 braciole di spalla di maiale da 8 once di spessore, rifilate
- Sale e pepe nero macinato, secondo necessità
- 2 cucchiai di olio d'oliva
- 1¼ tazze di acqua
- ¾ di tazza di aceto di mele biologico
- 6 spicchi d'aglio, purè
- 2 cucchiai di eritritolo
- 2 cucchiai di prezzemolo fresco tritato

DIREZIONI:

1. Preriscaldare il forno a 400 gradi F.

2. Condite ogni cotoletta in modo uniforme con sale e pepe nero.

3. In un grande forno olandese, scaldare l'olio a fuoco vivo e scottare le braciole in 2 lotti per circa 5 minuti, capovolgendole una volta a metà.

4. Togliere la padella dal fuoco e disporre le braciole in un unico strato.

5. In una ciotola, aggiungere gli altri ingredienti tranne il prezzemolo e mescolare bene.

6. Aggiungere la miscela di aceto in modo uniforme sulle costolette.

7. Coprire la teglia e trasferire in forno.

8. Cuocere in forno per circa 40 minuti.

9. Guarnire con prezzemolo e servire caldo.

NUTRIZIONE: Per porzione: Calorie: 777; Carboidrati netti: 1.3g; Carboidrati: 1.4g;Fibra: 0.1g;Proteine: 51.2g;Grassi: 61.1g;Zucchero: 0.2g;Sodio: 189mg

Filetto di maiale toscano con riso Cauli

Tempo di preparazione: 20 minuti

Tempo di cottura: 10 minuti

Porzioni: 4

INGREDIENTI:

- 1 tazza di spinaci freschi per bambini, confezionati in modo lasco
- 2 cucchiai di olio d'oliva
- 1 ½ libbra di filetto di maiale, a cubetti
- Sale e pepe nero a piacere
- ½ cucchiaino di cumino in polvere
- 2 tazze di riso al cavolfiore
- ½ tazza d'acqua
- 1 tazza di pomodori all'uva, dimezzati
- 3/4 di tazza di formaggio feta sbriciolato

DIREZIONI:

1. Scaldare l'olio d'oliva in una padella, condire la carne di maiale con sale, pepe e cumino e scottarla da entrambi i lati per 5 minuti fino a farla rosolare. Mescolare il riso cauli e versare l'acqua. Cuocere per 5 minuti o fino a quando il cavolfiore si ammorbidisce. Mescolare gli spinaci per farli appassire, minuto, e aggiungere i pomodori. Mettere il piatto in ciotole, cospargere con formaggio feta e servire con salsa piccante.

NUTRIZIONE: Per porzione: Cal 377; Carboidrati netti 1.9g; Grasso 17g; Proteine 43g

Zuppa di hamburger con pezzi

Tempo di preparazione: 5 minuti

Tempo di cottura: 55 minuti

Porzioni: 7

INGREDIENTI:

- 2 cucchiai di olio di sesamo
- Mandrino a terra da 2,5 libbre
- 1 cipolla gialla, tritata
- 1/2 cucchiaino di basilico fresco o essiccato
- 1 cucchiaino di coriandolo fresco, tritato
- 1 cucchiaino di aglio in polvere
- Sale kosher e pepe nero, per condire
- 1 gambo di sedano, tritato

- 2 pomodori maturi, purè
- 1 alloro di alloro
- 8 tazze d'acqua
- 3 dadi per brodo

DIREZIONI:

2. Riscaldare l'olio di sesamo in una pentola da minestra a fiamma medio-alta. Una volta caldo, fate rosolare il macinato per 4-5 minuti, sbriciolando con una forchetta.

3. Aggiungere la cipolla e continuare a soffriggere per circa 4 minuti. Mescolare gli ingredienti rimanenti; mescolare delicatamente per amalgamare.

4. Girare il fuoco a medio-basso e lasciare cuocere a fuoco lento, parzialmente coperto, per 50 minuti o fino a cottura completa.

5. Assaggiate, regolate i condimenti e servite in ciotole individuali. Bon appétit!

NUTRIZIONE: Per porzione: 301 Calorie; 17,7g di grassi; 3,3g di carboidrati; 32,5g di proteine; 0,8g di fibre

Salsiccia, uova e avocado per la prima colazione

Tempo di preparazione: 6 minuti

Tempo di cottura: 6 minuti

Dosi: 2

INGREDIENTI:

- ¼ di avocado, snocciolato, tagliato a dadini
- ¼ di cipolla gialla, affettata
- 1,5 oz di olive verdi
- 4 oz di salsiccia, sbriciolato2 uova
- Stagionatura:
- ¼ di cucchiaino di sale

- ¼ di cucchiaino di paprika
- 1/8 cucchiaino di pepe nero macinato
- 1 cucchiaio di olio di avocado

DIREZIONI:

1. Prendere una padella media, metterla a fuoco medio-alto, aggiungere mezzo cucchiaio d'olio e quando sarà calda, aggiungere la cipolla, condire con metà del sale e del pepe nero e far cuocere per 2 minuti. Aggiungere il chorizo, cospargere con la paprika e continuare la cottura per 5 minuti fino a cottura. Trasferire il chorizo in un piatto, aggiungere l'olio rimasto nella padella e attendere che diventi caldo. Rompere le uova in una ciotola, aggiungere il sale rimanente e il pepe nero, frullare fino ad ottenere un composto, poi aggiungere l'uovo nella padella e far cuocere per 3 o 4 minuti fino a quando non sarà strapazzato al livello desiderato.

2. Rimettere il chorizo nella padella, aggiungere le olive e l'avocado, mescolare fino a quando non si è mescolato e cuocere per 30 secondi fino a quando non è caldo. Distribuire la carne, le uova e l'avocado tra due piatti e poi servire.

Nutrizione: 440 Calorie; 37,1 g di grassi; 18,7 g di proteine; 4,4 g di carboidrati netti; 3,3 g di fibre;

Arrosto di maiale di Digione

Tempo di preparazione: 5 minuti

Tempo di cottura: 25 minuti

Porzioni: 6

INGREDIENTI:

- 3 libbre di lombo di maiale disossato arrostito
- 5 spicchi d'aglio tritato
- Sale e pepe nero a piacere
- 1 cucchiaio di senape di Digione
- 1 cucchiaino di basilico essiccato
- 2 cucchiai di aglio in polvere

DIREZIONI:

1. Preriscaldare il forno a 400 F e mettere la carne di maiale in una teglia. In una terrina, mescolare aglio tritato, sale, pepe, senape, basilico e aglio in polvere. Strofinare il composto sulla carne di maiale. Cospargere con olio d'oliva e cuocere per minuti o fino a cottura all'interno e far rosolare all'esterno. Trasferire su una superficie piana e lasciare raffreddare per 5 minuti. Servire a fette con verdure al vapore.

NUTRIZIONE: Per porzione: Cal 311; Carboidrati netti 2g; Grasso 9g; Proteine 51g

SNACKS

Palle d'uovo

Tempo di preparazione: 10 minuti

Tempo di cottura: 0 minuti

Porzioni: 4

INGREDIENTI:

- 4 oz di pancetta, tritata, cotta
- 4 uova, bollite, pelate
- 1 cucchiaio di formaggio cremoso
- 1 cucchiaino di cipolla in polvere
- 1 cucchiaino di burro, ammorbidito

DIREZIONE:

1. Mescolare tutti gli ingredienti nella ciotola.
2. Poi fare le palline con l'aiuto dello scooper.
3. Conservare le polpette di uova in frigorifero fino a 1 giorno.

NUTRIZIONE: Calorie 236, Grassi 18,1, Fibra 0, Carboidrati 1,3, Proteine 16,3

Ravanello

Tempo di preparazione: 10 minuti

Tempo di cottura: 11 minuti

Dosi: 2

INGREDIENTI:

- 1 cucchiaio di burro
- ¼ di cucchiaino d'aglio in polvere
- 1 scalogno, tritato
- 4 oz di carne di manzo in scatola, tritata, cotta
- 2 tazze di ravanelli, tagliati in quarti

DIREZIONE:

1. Gettate il burro nella padella e preriscaldatelo.
2. Aggiungere lo scalogno e arrostire per 4 minuti.
3. Aggiungere poi aglio in polvere, carne di manzo sotto sale e ravanelli.
4. Mescolare bene gli ingredienti e chiudere il coperchio.
5. Cuocerli per 5 minuti.

NUTRIZIONE: Calorie 189, Grassi 13, Fibre 3.1, Carboidrati 9.3, Proteine 9.1

Ciotole Chia

Tempo di preparazione: 10 minuti

Tempo di cottura: 10 minuti

Porzioni: 4

INGREDIENTI:

- 1 tazza e 1/2 di latte di cocco
- 2 cucchiai di semi di chia
- 3 oz di formaggio Cheddar grattugiato
- ½ cucchiaino di fiocchi di peperoncino
- ½ cucchiaino di sale
- 1 cucchiaio di olio di cocco

DIREZIONE:

1. Nella ciotola di miscelazione mescolare tutti gli ingredienti.
2. Preparare le palline e metterle in frigorifero per 10-15 minuti.

NUTRIZIONE: Calorie 357, Grassi 34,1, Fibre 4,4, Carboidrati 8,3, Proteine 8,5

Miscela di pancetta

Tempo di preparazione: 10 minuti

Tempo di cottura: 20 minuti

Porzioni: 3

INGREDIENTI:

- 3 uova, sbattute
- 1 cucchiaio di olio di cocco fuso
- 1 scalogno, tritato
- 1 tazza Germogli di Bruxelles a fette
- 3 fette di pancetta, tritate
- 1½ peperoncino in polvere

DIREZIONE:

1. Mettere tutti gli ingredienti nella ciotola grande e mescolare con cura.
2. Quindi trasferire la miscela nella teglia da forno, appiattirla se necessario.
3. Cuocere il mix di pancetta per 20 minuti a 355F.

NUTRIZIONE: Calorie 233, Grassi 17,1, Fibra 2, Carboidrati 6,9, Proteine 14

Uova scozzesi al basilico

Tempo di preparazione: 15 minuti

Tempo di cottura: 30 minuti

Porzioni: 4

INGREDIENTI:

- 4 uova, bollite
- 1 ½ tazza di carne di maiale macinata
- ½ cucchiaino di pepe bianco
- ½ cucchiaino di basilico essiccato
- 1 cucchiaio di burro

DIREZIONE:

1. Nella terrina, mescolare la carne di maiale macinata con pepe bianco e basilico essiccato.
2. Poi fare 4 palline dalla miscela di carne.
3. Riempire le polpette di uova.
4. Ungere la teglia con il burro.
5. Mettere le polpette di maiale ripiene nella teglia e cuocere a 365F per 30 minuti.

NUTRIZIONE: Calorie 147, Grassi 11,3, Fibre 0,1, Carboidrati 0,5, Proteine 10,6

Morsi di canapa

Tempo di preparazione: 10 minuti

Tempo di cottura: 15 minuti

Porzioni: 4

INGREDIENTI:

- 4 cucchiai di semi di canapa
- 1 tazza d'acqua
- 1 cucchiaio di estratto di vaniglia
- 1 cucchiaio di psillio in polvere
- 2 cucchiai di burro
- 1 cucchiaio di eritritolo

DIREZIONE:

1. Portate l'acqua a bollire e aggiungete i cuori di canapa. Toglierla dal fuoco.
2. Aggiungere poi tutti gli altri ingredienti e impastare l'impasto.
3. Rivestire la teglia con carta da forno.
4. Appiattire la pasta nel vassoio e tagliarla a pezzi.
5. Cuocere i bocconcini di canapa per 10 minuti a 360F o fino a quando non sono marrone chiaro.

NUTRIZIONE: Calorie 152, Grassi 12,6, Fibre 2,2, Carboidrati 3,4, Proteine 5,1

Uova soffici

Tempo di preparazione: 10 minuti

Tempo di cottura: 15 minuti

Dosi: 2

INGREDIENTI:

- 2 fette di pancetta
- 2 albumi d'uovo
- 1 cucchiaino di burro

DIREZIONE:

1. Metti la pancetta nella padella.
2. Aggiungere il burro e arrostire la pancetta per 2 minuti per lato.
3. Nel frattempo, sbattete gli albumi fino a renderli soffici.
4. Versare gli albumi sulla pancetta e chiudere il coperchio.
5. Cuocere il pasto a fuoco lento per 10 minuti.

NUTRIZIONE: Calorie 137, Grassi 9,9, Fibra 0, Carboidrati 0,5, Proteine 10,7

Porridge di caffè

Tempo di preparazione: 10 minuti

Tempo di cottura: 25 minuti

Dosi: 2

INGREDIENTI:

- 2 cucchiai di caffè istantaneo
- 2 tazze d'acqua
- 1 cucchiaio di semi di chia
- 1 cucchiaio di eritritolo
- 1 cucchiaio di estratto di vaniglia
- 1/3 tazza di latte di cocco

DIREZIONE:

1. Portare l'acqua a ebollizione e aggiungere il caffè istantaneo. Mescolare bene

2. Quindi aggiungere tutti gli ingredienti rimanenti e versare nei bicchieri / ciotole.

3. Lasciare il porridge per 15-20 minuti prima di servire.

NUTRIZIONE: Calorie 145, Grassi 11,7, Fibre 3,3, Carboidrati 6, Proteine 2,1

Farina d'avena Chia

Tempo di preparazione: 10 minuti

Tempo di cottura: 15 minuti

Porzioni: 3

INGREDIENTI:

- 1 tazza di latte di mandorla biologico
- 2 cucchiai di semi di chia
- 1 cucchiaio di eritritolo
- 1 cucchiaio di fiocchi di mandorle
- 2 cucchiai di farina di mandorle
- 1 cucchiaio di farina di lino
- 1 pecan, tritato
- ½ cucchiaino di estratto di vaniglia

DIREZIONE:

1. Mettere tutti gli ingredienti nella padella grande e mescolare.
2. Poi portare la miscela ad ebollizione.
3. Toglierlo dal fuoco e raffreddarlo poco prima di servirlo.

NUTRIZIONE: Calorie 398, Grassi 36,9, Fibre 8,5, Carboidrati 14,1, Proteine 9

Porridge alla cannella

Tempo di preparazione: 10 minuti

Tempo di cottura: 15 minuti

Dosi: 2

INGREDIENTI:

- 1 cucchiaio di semi di chia
- 1 tazza di latte di cocco
- 2 cucchiai di semi di lino
- ½ tazza di cuori di canapa
- ½ cucchiaino di cannella macinata
- 1 cucchiaio di eritritolo
- ¼ di tazza di farina di cocco

DIREZIONE:

1. Portare ad ebollizione il latte di cocco e toglierlo dal fuoco.
2. Aggiungere tutti gli ingredienti rimanenti e frullare fino ad ottenere una consistenza omogenea.
3. Lasciare il porridge per 15 minuti in un luogo caldo prima di servirlo.

NUTRIZIONE: Calorie 646, Grassi 52,8, Fibre 17,3, Carboidrati 25,1, Proteine 21,6

Garam Masala Bake

Tempo di preparazione: 10 minuti

Tempo di cottura: 30 minuti

Porzioni: 4

INGREDIENTI:

- 1 tazza di carne di maiale macinata
- 1 tazza di cavolfiore, triturato
- ½ tazza di latte di mandorla biologico
- 1 cipollotto, tagliato a dadini
- 1 cucchiaino di olio di cocco
- ½ cucchiaino di sale
- ½ cucchiaino di paprika
- ½ cucchiaino da tè garam masala
- 1 cucchiaio di coriandolo fresco, tritato
- 1 oz Parmigiano Reggiano grattugiato

DIREZIONE:

1. Mettere tutti gli ingredienti nella ciotola e mescolare fino ad ottenere un composto omogeneo.
2. Quindi trasferire la miscela nei pirottini e coprire con un foglio di alluminio.
3. Cuocere il pasto a 360f per 30 minuti.

NUTRIZIONE: Calorie 352, Grassi 26,1, Fibra 2, Carboidrati 6, Proteine 23,9

Ciotole di Macadamia

Tempo di preparazione: 10 minuti

Tempo di cottura: 5 minuti

Porzioni: 3

INGREDIENTI:

- ½ tazza di cocco, tritato
- 4 cucchiaini di olio di cocco
- 2 tazze di latte di cocco
- 1 cucchiaio di eritritolo
- 1/3 tazza di noci di macadamia, tritate
- 1/3 tazza di semi di lino

DIREZIONE:

1. Portate il latte di cocco ad ebollizione e toglietelo dal fuoco.
2. Aggiungere olio di cocco, cocco shred, eritritolo, noci e semi di lino.
3. Mescolare il composto e metterlo nelle ciotole da portata.

NUTRIZIONE: Calorie 640, Grassi 63,8, Fibre 9,4, Carboidrati 16,5, Proteine 7,6

Anelli al parmigiano

Tempo di preparazione: 10 minuti

Tempo di cottura: 17 minuti

Porzioni: 4

INGREDIENTI:

- ½ tazza di farina di mandorle
- 1 ½ cucchiaino di gomma di xantano
- 1 uovo, sbattuto
- 3 oz di parmigiano, grattugiato
- ½ cucchiaino di semi di sesamo
- 1 cucchiaino di crema pesante
- 1 cucchiaino di olio di cocco

DIREZIONE:

1. Nella terrina mescolare tutti gli ingredienti e impastare l'impasto.
2. Rivestire la teglia con carta da forno.
3. Quindi ricavate il tronco dall'impasto e tagliatelo a pezzi medi.
4. Stendete ogni pezzo di pasta e preparate i bagel.
5. Metteteli nella teglia da forno e cuocete a 360 gradi per 17 minuti.

NUTRIZIONE: Calorie 150, Grassi 9,2, Fibre 7,9, Carboidrati 9,2, Proteine 9,1

Porridge dolce

Tempo di preparazione: 10 minuti

Tempo di cottura: 10 minuti

Dosi: 2

INGREDIENTI:

- 2 uova, sbattute
- 1 cucchiaio di eritritolo
- 1/3 tazza di crema al cocco
- 2 cucchiai di olio di cocco
- 1 cucchiaino di estratto di vaniglia

DIREZIONE:

1. Mescolare le uova con la crema di cocco e l'olio di cocco e portare a ebollizione.

2. Toglierlo dal fuoco e aggiungere l'estratto di vaniglia e l'eritritolo. Mescolare bene il porridge e trasferirlo nelle ciotole da portata.

NUTRIZIONE: Calorie 278, Grassi 27,5, Fibre 0,9, Carboidrati 2,8, Proteine 6,5

Uovo Hashish

Tempo di preparazione: 10 minuti

Tempo di cottura: 20 minuti

Porzioni: 4

INGREDIENTI:

- 4 uova, sbattute
- 1 cipollotto, tagliato a dadini
- 6 oz di rapa, tritata
- 1 peperoncino, affettato
- 5 oz di formaggio Cheddar grattugiato
- 1 cucchiaio di olio di cocco
- ½ cucchiaino di condimento Taco

DIREZIONE:

1. Sciogliere l'olio di cocco in padella.
2. Poi aggiungere tutti gli ingredienti tranne formaggio e uova.
3. Arrostirli per 5 minuti.
4. Aggiungere le uova e con cura il composto.
5. Poi ricoprirlo di formaggio e chiudere il coperchio.
6. Cuocere l'hashish di uova per 10 minuti a fuoco lento.

NUTRIZIONE: Calorie 261, Grassi 19,6, Fibra 1,4, Carboidrati 6,7, Proteine 15,1

DESSERTS

Barrette di gelato al cioccolato e burro d'arachidi

Tempo di preparazione: 4 ore e 20 minuti

Tempo di cottura: 0 minuti

Al servizio: 15

INGREDIENTI

- 1 tazza di panna da montare pesante
- 1 cucchiaino di estratto di vaniglia
- ¾ cucchiai di gomma xantano

- 1/3 tazza di burro di arachidi
- 1 tazza metà e metà
- 1 ½ tazza di latte di mandorla
- 1/3 cucchiaino di polvere di stevia
- 1 cucchiaio di glicerina vegetale
- 3 cucchiai di xilitolo
- Cioccolato:
- Olio di cocco a ¾ di tazza
- ¼ di tazza di burro di cacao a pezzetti, tritato
- 2 once di cioccolato, non zuccherato
- 3 ½ cucchiai e mezzo di miscela super dolce

DIREZIONI

1. Frullare tutti gli ingredienti del gelato fino a renderlo liscio.
2. Mettetelo in una gelatiera e seguite le istruzioni.
3. Spalmare il gelato in una padella foderata e congelare per circa 4 ore.
4. Unire tutti gli ingredienti del cioccolato in una ciotola sicura per microonde e nel forno a microonde fino a quando non si è sciolto. Tagliare a fette le barrette di gelato.
5. Immergerli nella miscela di cioccolato raffreddato.

NUTRIZIONE: Per porzione di calorie 345 Carboidrati netti 5g, Grasso 32g, Proteine 4g

Biscotti Snickerdoodle alla cannella

Tempo di preparazione: 25 minuti

Tempo di cottura: 15 minuti

Al servizio: 4

INGREDIENTI

- 2 tazze di farina di mandorle
- ½ cucchiaino di bicarbonato di sodio
- ¾ di tazza di dolcificante
- ½ tazza di burro ammorbidito
- Un pizzico di sale
- Rivestimento:
- 2 cucchiai di dolcificante eritritolo
- 1 cucchiaino di cannella

DIREZIONI

1. Preriscaldare il forno a 350 F.
2. Unire tutti gli ingredienti dei biscotti in una ciotola. Fare 16 palline dalla miscela.
3. Appiattirli con le mani. Unire la cannella e l'eritritolo.
4. Immergere i biscotti nella miscela di cannella e disporli su una teglia per biscotti rivestita.
5. Cuocere per 15 minuti.

NUTRIZIONE: Calorie per porzione 131, Carboidrati netti 1,5g, Grassi 13g, Proteine 3g

Delizia al cioccolato di panna e fragole

Tempo di preparazione: 30 minuti

Tempo di cottura: 10 minuti

Al servizio: 4

INGREDIENTI

- 3 uova
- 1 tazza di scaglie di cioccolato fondente
- 1 tazza di crema pesante
- 1 tazza di fragole fresche, affettate
- 1 estratto di vaniglia
- 1 cucchiaino di sterzo

DIREZIONI

1. Sciogliete il cioccolato in una ciotola per microonde per un minuto in alto e lasciatelo raffreddare per 10 minuti.

2. Nel frattempo, in una ciotola di medie dimensioni, montare la panna fino a renderla molto morbida.

3. Aggiungere le uova, l'estratto di vaniglia, e sbattere e sbattere per combinare. Piegare il cioccolato raffreddato.

4. Dividete la mousse in sei bicchieri, copritela con le fette di fragola e raffreddatela in frigorifero per almeno 30 minuti prima di servirla.

NUTRIZIONE: Calorie per porzione 410, Carboidrati netti 1,7g, Grassi 25g, Proteine 7,6g

Crostata di bacche

Tempo di preparazione: 45 minuti

Tempo di cottura: 35 minuti

Al servizio: 4

INGREDIENTI

- 4 uova
- 2 cucchiai di olio di cocco
- 2 tazze di bacche
- 1 tazza di latte di cocco
- 1 tazza di farina di mandorle
- ¼ di tazza di dolcificante
- ½ cucchiaino di vaniglia in polvere
- 1 cucchiaio di dolcificante, in polvere
- Un pizzico di sale

DIREZIONI

1. Preriscaldare il forno a 350 F.
2. Pizzo tutti gli ingredienti tranne l'olio di cocco, i frutti di bosco e il dolcificante in polvere in un frullatore. Frullare fino ad ottenere un composto omogeneo. Ripiegare delicatamente i frutti di bosco.
3. Ungere un piatto di flan con l'olio di cocco. Versare il composto nella padella preparata.

4. Cuocere in forno per 35 minuti. Cospargere con zucchero a velo e servire.

NUTRIZIONE: Calorie per porzione 198, Carboidrati netti 4,9g, Grassi 16,5g, Proteine 15g

Budino di semi di more Chia

Tempo di preparazione: 30 minuti

Tempo di cottura: 5 minuti

Servizio: 2

INGREDIENTI

- 1 tazza di yogurt naturale pieno di grassi
- 2 cucchiai di sterzo
- 2 cucchiai di semi di chia
- 1 tazza di more fresche
- 1 cucchiaio di scorza di limone
- Foglie di menta, per servire

DIREZIONI

1. Mescolare insieme lo yogurt e lo sbandare. Mescolare i semi di chia.
2. Riservare 4 more per guarnire e schiacciare le more rimanenti con una forchetta fino a quando non sono passate in purea. Mescolare la miscela di yogurt
3. Raffreddare in frigorifero per 30 minuti.
4. Una volta raffreddato, dividere la miscela in 2 bicchieri.
5. Ricoprite ciascuno con un paio di lamponi e foglie di menta e servite.

NUTRIZIONE: Calorie per porzione 169, Carboidrati netti 1,7g, Grassi 10g, Proteine 7,6g

Frullato cremoso al burro di mandorle

Tempo di preparazione: 2 minuti

Tempo di cottura: 0 minuti

Al servizio: 1

INGREDIENTI

- 1 ½ tazza di latte di mandorla
- 2 cucchiai di burro di mandorle
- 1/8 di litro estratto di mandorla
- ½ cucchiaino di cannella
- 2 cucchiai di farina di lino
- 1 misurino di peptidi di collagene
- Un pizzico di sale
- 15 gocce di stevia
- Una manciata di cubetti di ghiaccio

DIREZIONI

1. Aggiungere il latte di mandorla, il burro di mandorle, la farina di lino, l'estratto di mandorle, i peptidi di collagene, un pizzico di sale e la stevia nella ciotola del frullatore.

2. Blitz fino ad uniforme e liscio per circa 30 secondi.

3. Aggiungere un po' più di latte di mandorla se è molto denso.

4. Poi assaggiare, e regolare il sapore a seconda delle necessità, aggiungendo alla cremosità più stevia per la dolcezza o il burro di mandorle.

5. Versare nel bicchiere del frullato, aggiungere i cubetti di ghiaccio e cospargere con la cannella.

6. Buon divertimento!

NUTRIZIONE: Calorie per porzione 326, Carboidrati netti 6g, Grassi 27g, Proteine 19g

Porridge con Chia & Noci

Tempo di preparazione: 6 minuti

Tempo di cottura: 4 minuti

Al servizio: 1

INGREDIENTI

- ½ cucchiaino di estratto di vaniglia
- ½ tazza d'acqua
- 1 cucchiaio di semi di chia
- 2 cucchiai di semi di canapa
- 1 cucchiaio di farina di semi di lino
- 2 cucchiai di farina di mandorle
- 2 cucchiai di cocco, tritato
- ¼ di cucchiaino di stevia, granulato
- 1 cucchiaio di noci, tritate

DIREZIONI

1. Mettere in una casseruola antiaderente i semi di chia, i semi di canapa, la farina di semi di lino, la farina di mandorle, la stevia granulosa e il cocco tritato e versarvi sopra l'acqua.

2. Far bollire a fuoco medio, mescolando di tanto in tanto, fino a quando non si è cremata e addensata per circa 3-4 minuti. Mescolare con la vaniglia.

3. Quando il porridge è pronto, mettete il cucchiaio in una terrina, cospargete con le noci tritate e servite caldo.

NUTRIZIONE: Calorie per porzione 334, Carboidrati netti 1,5g, Grassi 29g, Proteine 15g

Barrette allo zafferano al cardamomo salato

Tempo di preparazione: 2 ore

Tempo di cottura: 40 minuti

Al servizio: 4

INGREDIENTI:

- 3 ½ once e mezzo ghee
- 10 fili di zafferano
- 1 1/3 tazze di latte di cocco
- 1 ¾ tazze di cocco, tritato
- 4 cucchiai di dolcificante
- 1 cucchiaino di polvere di cardamomo

DIREZIONI

1. Unire il cocco con 1 tazza di latte di cocco.

2. In un'altra ciotola, mescolate insieme il restante latte di cocco con il dolcificante e lo zafferano.

3. Lasciamoci seduti per 30 minuti. Riscaldare il ghee in un wok.

4. Aggiungere il composto di cocco e il composto di zafferano e far cuocere per 5 minuti a fuoco lento, mescolando continuamente.

5. Mescolare il cardamomo e cuocere per altri 5 minuti.

6. Stendere il composto su una teglia da forno unta.

7. Congelare per 2 ore. Tagliate in barre e godetevelo!

NUTRIZIONE: Calorie per porzione 130, Carboidrati netti 1,4g, Grasso 12g, Proteine 2g

Biscotti al pecan della mamma

Tempo di preparazione: 25 minuti

Tempo di cottura: 12 minuti

Al servizio: 12

INGREDIENTI

- 1 uovo
- 2 tazze di noci pecan, macinate
- ¼ di tazza di dolcificante
- ½ cucchiaino di bicarbonato di sodio
- 1 cucchiaio di burro
- 20 metà pecan

DIREZIONI

1. Preriscaldare il forno a 350 F. Mescolare gli ingredienti, ad eccezione delle metà di pecan, fino ad unirli.

2. Fate 20 palline della miscela e premete con il pollice su una teglia per biscotti foderata.

3. Coprite ogni biscotto con una metà di pecan. Cuocere in forno per circa 12 minuti.

NUTRIZIONE: Calorie per porzione 101, Carboidrati netti 0.6g, Grassi 11g, Proteine 1.6g

Bombe di ghiaccio al moka

Tempo di preparazione: 2 ore

Tempo di cottura: 10 minuti

Al servizio: 4

INGREDIENTI

- ½ libbra di formaggio cremoso
- 4 cucchiai di dolcificante in polvere
- Un litro di caffè forte
- 2 cucchiai di cacao in polvere, non zuccherato
- Un'oncia di burro di cacao fuso
- 2 once e mezzo di cioccolato fondente, fuso

DIREZIONI

1. Combinate la crema di formaggio, il dolcificante, il caffè e il cacao in polvere in un robot da cucina.

2. Arrotolare 2 cucchiai della miscela e metterla su un vassoio foderato.

3. Mescolare il burro di cacao con il cioccolato e ricoprire le bombe. Congelare per 2 ore.

NUTRIZIONE: Calorie per porzione 127, Carboidrati netti 1,4g, Grassi 13g, Proteine 1,9g

Cioccolato fondente di mandorla e corteccia di cioccolato

Tempo di preparazione: 1 ora

Tempo di cottura: 15 minuti

Al servizio: 12

INGREDIENTI

- ½ tazza di mandorle
- ½ tazza di burro di cocco
- 10 gocce di stevia
- ¼ di cucchiaino di sale
- ½ tazza di fiocchi di cocco, non zuccherato
- 4 once di cioccolato fondente

DIREZIONI

1. Preriscaldare il forno a 350 F.
2. Mettere le mandorle in una teglia da forno e tostarle per 5 minuti.
3. Sciogliere insieme il burro e il cioccolato. Mescolare in stevia.
4. Rivestite una teglia per biscotti con carta cerata e spalmate il cioccolato in modo uniforme.
5. Spargere le mandorle sopra e cospargere di sale.
6. Refrigerato per un'ora.

NUTRIZIONE: Calorie per porzione 161, Carboidrati netti 2g, Grassi 15,3g, Proteine 2g

IL PIANO DI 30 GIORNI DI DIETA ALIMENTARE

GIORNO	COLAZIONE	PRANZO	CENA
1	Spaghetti di grano saraceno con cavolo cappuccio di pollo e ricette salate in salsa di massa	Riso al cocco e cavolfiore	Pollo Quesadilla
2	Re asiatico saltato Jamp	Fritto di Okra	Ali di pollo all'aglio-parmigiano
3	Insalata di pasta di grano saraceno	Purè di asparagi	Spiedini di pollo con salsa di arachidi
4	Spiedini di insalata greca	Asparagi al forno	Cosce di pollo brasate con olive Kalamata
5	Cavolo, Edamame e Tofu Curry	Spinaci con latte di cocco	Pollo all'aglio burroso
6	Cupcake al cioccolato con glassa Matcha	Deliziose bistecche di cavolo	Pollo al formaggio con pancetta e broccoli
7	Insalata di pollo al sesamo	Zucchine all'aglio e zucchine	Pollo al forno al parmigiano
8	Antipasti al bacon	Insalata di	Burro d'uovo

		pomodoro avocado e cetriolo	
9	Spiedini Antipasti	Insalata di cavolo e cocco	Pollo tritato in un involucro di lattuga
10	Jalapeno Poppers	Insalata di cetrioli asiatici	Pollo al sidro
11	Polpette di spinaci	Riso al cavolfiore messicano	Morsi di pollo avvolti nella pancetta
12	Patatine fritte di cavolo	Insalata di rape	Pollo avvolto con pancetta al formaggio
13	Pancetta, mozzarella e avocado	Insalata di cavoletti di Bruxelles	Fagioli e salsiccia
14	Keto Cheese Chips	Insalata di melanzane e spinaci	Pollo strofinato alla paprika
15	Manzo e broccoli	Tradizionale Gambas al Ajillo	Pollo Teriyaki
16	Insalata BLT	Ristorante-Stile Pesce Masala	Pollo al peperoncino rosso con insalata di cavolo
17	Formaggio Halloumi alla griglia con uova	Acciughe con salsa di Cesare	Cena a base di Habanero piccante e carne di manzo macinata

18	Insalata di cavolo riccio cremoso	Insalata di pesce e uova	Polpette di carne con peperoni arrostiti e manchego
19	Insalata di quinoa con menta fresca e prezzemolo	Filetti di eglefino italiano con salsa Marinara	I migliori Sloppy Joe di sempre
20	Involtini di salmone affumicato e formaggio cremoso	Pesce spada con salsa greca	Costoletta alla griglia
21	Germogli di Bruxelles con pancetta	Filetti di merluzzo con salsa al sesamo	Salsiccia di manzo con salsa mayo
22	Verdure mediterranee alla griglia	Insalata di rana pescatrice preferita	Petto di manzo buono da leccarsi le dita
23	Pancetta e funghi selvatici	Frittata con Tilapia e formaggio di capra	Inverno Guinness dei Guinness dei primati
24	Morso di Jalapeno speziato con pomodoro	Merluzzo con verdure alla senape	Polpettone di prosciutto crudo greco
25	Crema di spinaci	Keto Tacos con acciughe	Insalata fredda di manzo alla greca
26	Tempura Zucchine con salsa di crema di formaggio	Insalata di pesce alla griglia	Costoletta al forno

27	Spiedini di pancetta e feta	Filetti di sgombro all'aglio	Pomodori ripieni con formaggio Cotija
28	Avocado e prosciutto crudo Uova alla diavola	Tilapia Burgers del pescatore	Cena a base di Habanero piccante e carne di manzo macinata
29	Insalata di tonno Chili-Lime	Tradizionale Gambas al Ajillo	Stufato di zucca e cavolfiore di zucca e cavolfiore
30	Impacchi di lattuga del club del pollo	Pollo-Basil Alfredo con spaghetti Shirataki	Funghi di Portobello alle erbe

CONCLUSIONE

La dieta Keto è difficile da ottenere. È necessario attenersi al consumo giornaliero di 80% di grassi e 20% di proteine, con molto meno carboidrati. È importante stabilire i propri obiettivi e allo stesso tempo non lasciarsi distrarre dalle tentazioni. In caso di perdita di peso, l'eccesso di liquidi persi nelle fasi iniziali sarà sufficiente per un lungo periodo di tempo.

È necessario bere acqua prima di iniziare il pasto per sopprimere la fame. Oltre a questo, è importante che si faccia attenzione al tipo di cibo che si consuma quotidianamente. Questo farà sì che il vostro corpo si adatti correttamente alla dieta e che possiate trarre il massimo beneficio dalla dieta senza essere oppressi.

La dieta Keto serve al suo scopo perché è sana. È anche molto facile seguire la dieta perché le persone obese o in sovrappeso possono facilmente seguire la dieta. Non richiede alcun tipo di esercizio fisico, tranne che per camminare, poiché è una dieta a bassissimo contenuto energetico. È anche un modo molto sano e semplice per perdere peso. Tuttavia, è necessario seguire rigorosamente la dieta in ogni momento e non bisogna discostarsi da essa.

La Dieta Ketogenica (Ketogenic aka keto) è semplicemente una dieta che consiste di 75 per cento o più di grasso. Tuttavia, si dovrà tenere presente che l'assunzione di carboidrati deve essere mantenuta estremamente bassa, anche se trascurabile. Normalmente si raccomanda di includere nella dieta 60g di proteine e 20g di grassi.

La dieta Keto è anche conosciuta come dieta a basso contenuto di carboidrati. E 'qualcosa che ha guadagnato un sacco di popolarità tra le persone obese. È stata creata dal Dr. Robert Atkins e può essere considerata come uno dei metodi di perdita di peso più efficaci. Va notato che questa dieta non ha alcun tipo di impatto negativo sul corpo o sulla salute, invece, ha grandi ed efficaci benefici. Si tratta di una dieta molto sana perché richiede di consumare quantità incredibili di grasso. Pertanto, il metabolismo è potenziato e si sarà in grado di perdere grasso senza alcuna difficoltà.

Potete anche aggiungere un pizzico di cannella sulla parte superiore del vostro gelato per renderlo più gustoso. È necessario consumare circa il 60% di grassi e il 40% di proteine come porzione giornaliera, mentre si segue questo piano di dieta. È anche importante mangiare più verdure in questa dieta. Troverete difficile seguire questo piano dietetico. Non è simile a qualsiasi altra dieta regolare e potrebbe essere difficile attenersi alle sue porzioni giornaliere. Al fine di garantire che si è in grado di ingerire abbastanza grasso mentre si segue questa dieta, la Dieta Ketogenica si concentra sul consumo di grassi sani e naturali. È possibile ottenere questi grassi da alcune noci e alimenti ricchi di oli.

La dieta Keto è molto benefica quando si tratta di perdita di peso. La ragione principale dietro questo beneficio è perché si concentra sul consumo di grassi sani e naturali che hanno dimostrato di avere enormi benefici per la salute. Non richiede di passare ore in palestra o di iniziare ad allenarsi per perdere peso. Ci vorranno solo poche settimane perché il vostro corpo si adatti e poi inizierete a vedere grandi risultati dalla dieta.

Sarete in grado di perdere peso senza alcuna difficoltà mentre seguite questo piano di dieta. Sarà necessario per voi di concentrarsi sul consumo di grassi sani mentre si segue questa dieta. Avrete bisogno del 70% di calorie da grassi e del 20% da proteine. Queste macro dovrebbero essere variate di giorno in giorno, in quanto potreste aver bisogno di più grassi al mattino, tuttavia, si dovrebbe mantenere una percentuale minore di grassi la sera se si consuma.

Dovete sapere che ci sono altri benefici associati ad un piano di dieta Keto. Alcuni la considerano una dieta molto popolare per la sua efficacia e richiede solo pochi giorni per essere seguita. La dieta è molto facile da seguire e non richiede alcun tipo di esercizio fisico. Sarà necessario consumare circa 2g di carboidrati in un giorno. Questa dieta è nota anche per i suoi grandi effetti sul miglioramento della salute neurologica.

Se siete in sovrappeso o obesi, si consiglia di iniziare con la Dieta Ketogenica. Si tratta di una dieta molto sana e facile da seguire, che può essere seguita da tutte le persone del mondo senza alcuna difficoltà. Se non siete sicuri di cosa può essere incluso esattamente in una Dieta Keto, allora è importante che leggiate gli articoli online su come seguire questo piano di dieta facilmente e senza problemi.

Vi sarà richiesto di seguire una dieta a basso contenuto di carboidrati per ridurre il vostro peso. Vi sarà richiesto di seguire una dieta a basso contenuto di carboidrati e ad alto contenuto proteico per perdere peso più rapidamente. È necessario capire che l'assunzione di grassi è molto vitale mentre si segue un tale piano di dieta. Il vostro corpo sarà in grado di rimanere sano mentre seguite un tale piano dietetico. È anche molto importante tenere traccia dell'assunzione di carboidrati in ogni momento, in modo da poter ottenere i risultati che si desidera da questo piano di dieta.

Lightning Source UK Ltd.
Milton Keynes UK
UKHW021815160421
382089UK00001B/91